企业廉洁合规实务指引

段秋斌　步云飞◎著

中国人民大学出版社
·北京·

民营企业自我管理要过法治这一关
（代序一）

历史将记载，2023 年是我国民营企业反腐进程中的关键一年。是年"两会"期间，针对"董监高"等企业关键岗位人员出现的背信损害上市公司利益的行为，一些全国人大代表、政协委员提出建议，要求完善相关法律制度、制定司法解释。7 月 14 日，《中共中央 国务院关于促进民营经济发展壮大的意见》颁行，进一步优化、完善了发展民营经济的政策，提出"推动企业加强法治教育，营造诚信廉洁的企业文化氛围"，"建立多元主体参与的民营企业腐败治理机制"，"推动建设法治民营企业、清廉民营企业"的工作部署。12 月 29 日，第十四届全国人大常委会第七次会议通过了《刑法修正案（十二）》，共修改、补充刑法 7 条，其中加大了对行贿犯罪的惩治力度，同时增加了惩治民营企业内部人员与腐败相关犯罪的条款。可以预见，民营企业廉洁合规建设正在成为完善社会主义市场经济体制的一项重要内容，也是推动反腐败斗争向纵深发展的一个必然选择。从推进全面依法治国的维度思考，民营企业廉洁合规建设是民营企业完善自我管理的一个主要方面，而民营企业自我管理的基本思路就是法治化。完善社会主义市场经济秩序，民营企业自我管理必须要过法治这一关。

直到今天，对民营经济反腐仍存在很多争议，从《刑法修正案（十二）（草案）》公布后引发的争议就可略见一斑。该草案一经公布，在法律实务界和民营企业界引发广泛讨论：一方面，有人认为此次刑法修正有利于加大反腐力度；另一方面，也有人担心，如此会妨害民营经济复苏，加剧一些民营企业的内部矛盾，加大民营企业从业者的法律风险包括刑事法律风险。各种观点，总体上都是希望民营企业能够获得良好的生存环境、减少影响民营企业发展的不利因素。不过，对此次刑法修改的争议，也凸显了在如何为民营企业提供制度保障方面还存在较大的认识分歧，对民营企业反腐问题也存在认识上的较大差异。

《宪法》第 11 条中明确规定，"国家鼓励、支持和引导非公有制经济的发展，并对非公有制经济依法实行监督和管理"。目前国民经济中民营经济已经超过"半壁江山"。在全面建设社会主义现代化强国的进程中，根据《宪法》的上述规定，国家要继续对各类民营企业在各项经济政策上给予鼓励、支持，在发展方向上给予积极引导，同时要完善各项监督和管理的法律机制。可以说，在全面依法治国的战略布局中，宪法对民营经济的宪法地位的规定，是推动民营经济发展的"定海神针"，也是政府依法对各类民营企业进行监管的宪法根据。全面依法治国，就是要实现国家治理各个领域的法治化，其中自然包括民营经济的法治化。民营经济的法治化，包括国家对民营经济主体、行为等的法律规制以及依法监管的法治化，也包括民营企业内部管理的法治化。

客观地讲，我国民营企业数量庞大，不同类型企业的规模、投资方式、管理方式千差万别。一些大型企业，尤其是上市公司，其内部管理的法治化水平相对较高，能够按照法律法规要求构建现代企业制度，但大多数中小企业的内部法治化水平较低，其中相当比例的企业的内部管理具有高度"人治"的特点，企业的生产经营管理高度依赖企业负责人的决策，企业的"命运"与企业家个人的命运相捆绑。这类企业内部管理的特点是，决策快、效率高，能够较快地根据外部环境变化调整经营策略，但其劣势更为明显也更为致命，集中表现在企业对发展中的法律风险缺乏意识，企业法人财产权保障机制虚置，在用工等方面存在漏洞，缺乏抵御外部风险的能力。可以说，目前我国市场经济发展的瓶颈，就是民营企业的管理总体法治化水平偏低，一些企业内部管理出现的法律风险因市场环境变化而外溢并在一定范围内形成经济领域、社会领域的重大风险。因此，推动民营企业内部管理的法治化，不仅是民营企业自身健康发展的要求，也是消除市场经济发展中风险隐患的要求。

以民营企业内部腐败问题为例，一般认为，民营企业内部预防腐败机制的构建属于企业自我管理领域，只有当民营企业的财务、采购、销售、技术等关键岗位人员实施了腐败行为并侵害了民营企业合法权益时，公安、司法机关才能通过追究刑事责任的方式进行干预。从实践看，一些大型企业为了自身发展、面对外部挑战乃至国际市场竞争以及规避法律风险等的需要，能够通过构建反腐败合规管理体系或者内控体系形成有效的预防机制，也能够在内部制度和机制建设上投入必要的成本。对于中小企业而言，其负责人虽然也知道内部反腐败的必要性，但不太愿意在这方面进行制度和机制建设，其中有减少企业管理成本的考虑，也有由此束缚自己的手脚的担心，更有甚者会认为市场经济环境存在各种问题，为赢得竞争优势或者更大利益，进而将行贿作为企业的经营方式。这类行为一旦蔓延，会直接影响到整个市场经济正常秩序。例如，长期以来招投标领域中的乱象，就是归因于很多企业希望通过行贿方式获得发展空间，久而久之，对这类腐败现象就会熟视无睹，反倒将正常的招投标活动视为"走过场"。靠行贿开展经营活动在短期内会获得较大收益，但这类企业始终处于高风险状态，一旦大环境发生变化，其生存危机接踵即至。一些地方政府出于经济发展的考虑，对民营企业内部的腐败问题采取视而不见的态度，认为这都是民营企业的"家事"。殊不知，一个内部腐败严重的企业，其生产和经营即便呈一时繁荣之象，其要承受的经济安全风险依然是巨大的。

继续深化市场经济领域的改革，必然要走法治化道路，而实现民营企业管理的法治化则至为关键，也是经济治理中的难点，其焦点在于，如何处理政府对民营企业的监管与企业自我管理的关系。作为市场经济主体的企业自我管理是企业存在的基本形态，而企业自我管理的核心是企业自主经营权的独立行使，政府不能予以直接干预。如此，促进民营企业管理法治化的命题，就转化为如何促进民营企业实现自我管理的法治化问题，以及政府促使民营企业管理法治化的方式及边界问题。以往的实践表明，政府直接插手企业的生产经营活动，就会"管死"企业，影响企业的正常发展，然而，政府完全放手不管企业，一些企业就会走上歪路甚至邪路，进而会连锁性地引发一定的经济和社会问题。从这个角度讲，国家引导民营企业走向法治化道路，既要符合经济规律，又要符合法治规律，而两者在价值追求和评价方式上又存在一定的差异，即前者追求效益、效率等价值，而后者强调公平、平等、秩序等价值，可以说，兼顾两者并同时实现两者的价值，确实需要在理论上不断进行创新。

在现阶段推动民营企业管理法治化，一方面，要将现有政策落实到位；另一方面，要用好现有的法律工具，并积极创新法律工具。《中共中央 国务院关于促进民营经济发展壮大的意见》对引导完善民营企业的治理结构和管理制度作出了具体的要求。可以看出，这一重要文件已经吹响了民营企业管理法治化的号角，为实现民营经济的优质高效发展提供了新的动力。落实好这一重要文件的各项要求，就需要在法律制度和机制上进行完善，尤其是在行政监管上要调整思路，同时对民事、刑事法律制度也要作相应的调整。目前最为重要且有效的手段，就是要大力推动民营企业进行切实的合规建设，将行政监管的着力点向企业合规制度和机制建设调整，对有能力开展合规建设的大中型企业要加大督促和监管，同时积极引导小微企业进行必要的合规建设，通过发展第三方服务机构来提供市场供给。仍以民营企业反腐为例：通过刑法进行威慑和制裁只应作为一个不得已的措施，更重要的是，企业内部要建立起一套完善的遏制腐败的机制，其中如何防止企业负责人及其他重要岗位的工作人员腐败至关重要。应该看到，很多中小企业对构建这类制度和机制不愿投入太多精力和成本，那么，行政主管机关在进行监管时就要有针对性地督促其进行必要的投入，目前信息技术足以支撑行政主管机关做好这项监管工作。当然，任何领域的反腐工作都需要刑事制裁这一威慑力量，但应当强调，刑事制裁力量应当辅助行政监管有效实施，而不能替代行政监管直接介入企业的内部管理活动。

促进民营企业管理法治化，是有利于完善企业自我管理的。不过，在这一过程中，行政监管乃至刑事制裁力量都会在一定程度上影响企业内部管理活动，即影响企业自我管理。对此，一方面，企业自我管理本来就不是绝对的，其要处于政府的引导和监管之下，行政主管部门促进企业内部管理法治化，是具有法律和政策根据的；另一方面，对企业自我管理进行干预，不能影响企业经营自主权的实现，换言之，对企业自我管理的干预只应在企业内部治理结构和管理制度层面，对这部分进行干预的法理根据在于，企业内部治理首先要实现守法合规经营，行政主管机关对此进行监管具有合法性根据，但企业对生产经营活动的组织、安排等，则不属于行政监管的范畴。

推动民营企业自我治理的法治化，需要在政策指导下，按照法治的思维和方式来实现。无论是行政机关，还是企业、行业组织等，都应按照宪法和法律规定办事，以法治的思维方式构建各种制度和机制。其中，在建立多元主体参与的民营企业腐败治理机制中，应充分发挥企业自我管理的积极性：一方面，要让民营企业家看到构建企业廉洁合规管理体系的必要性，实现"以廉洁促发展"；另一方面，也要让腐败分子无法在民营企业中藏身隐迹。显然，在建立民营企业反腐败自我管理机制方面，其基本路径就是构建廉洁合规管理体系以及相应的制度，以切实有效的管理机制和管理活动来发现并清除民营企业内部的各种腐败行为。

　　"阳光诚信联盟"品牌自 2017 年创立以来,一直积极推动联盟会员通过构建企业廉洁合规制度来大力提升企业的自我管理能力,通过搭建行业反腐败平台来共同促进市场公平竞争,并在 2021 年、2022 年先后推出《互联网企业反腐密码》《实体企业反腐密码》,在行业内引起很大反响,也向社会传递了民营企业反腐的真诚意愿和积极作为。2023 年,"阳光诚信联盟"在总结和沉淀民营企业反腐经验的基础上,结合国际、国内合规标准和指南,通过对"企业廉洁合规管理体系"进行实践和验证,以一年的时间撰写了这部《企业廉洁合规实务指引》。这是一部由实务专家撰写的"企业反腐策论",是"阳光诚信联盟"再次向同行贡献的一项公共产品,也是征表民营企业反腐败决心的成果。可以相信,所有民营企业,无论大小,都可以从这本书中获得有益的经验,明晰发展的道路,更加坚定"反腐是发展保障"的共识。

　　历史将证明,一个腐败的企业,将无法继续在市场上立足。我们也坚信,只有廉洁的企业才能形成公平的市场竞争秩序,也只有廉洁的企业才能确保我国社会主义市场经济勇立潮头、不断平稳向前!

中国人民大学刑事法律科学研究中心主任
时延安
中国人民大学法学院教授

廉洁合规是民营企业管理的应有之义
（代序二）

2023 年 7 月 14 日，《中共中央 国务院关于促进民营经济发展壮大的意见》发布，对"强化民营经济发展法治保障"提出明确要求，进一步提振了民营企业信心，激发了民营经济发展活力。其中第 11 条更是提出："构建民营企业源头防范和治理腐败的体制机制。出台司法解释，依法加大对民营企业工作人员职务侵占、挪用资金、受贿等腐败行为的惩处力度。健全涉案财物追缴处置机制。深化涉案企业合规改革，推动民营企业合规守法经营。强化民营企业腐败源头治理，引导民营企业建立严格的审计监督体系和财会制度。充分发挥民营企业党组织作用，推动企业加强法治教育，营造诚信廉洁的企业文化氛围。建立多元主体参与的民营企业腐败治理机制。推动建设法治民营企业、清廉民营企业。"

佳沃集团自 2012 年成立至今，一直致力于整合优质产业资源，为行业树立高标准，以先进产业报效中国，以健康饮食引领品质生活，为消费者提供高品质的食饮品，引领和推动中国现代农业和食品产业发展。在发展过程中，佳沃集团逐步建立起覆盖治理层、管理层、全体员工以及合作伙伴的廉洁合规管理体系，动员各部门开展有效的廉洁合规管理工作，制定发布廉洁合规管理制度，培育诚信合规文化氛围，始终坚持对腐败"零容忍"的态度，坚决查处腐败行为，不断完善廉洁合规管理体系，以保障佳沃集团健康、可持续发展。

对于民营企业来说，遵守法律法规，是廉洁合规的"基线"；促进企业健康发展，是廉洁合规的"高线"。企业从0到1建设廉洁合规管理体系并不是一件容易的事情，它不仅涉及大量的成本投入，更需要动员全体员工乃至合作伙伴共同参与，是一个战略性、系统性、长期性的大工程。从0到1建设廉洁合规管理体系是一件必须要做的事情，它关乎企业的文化导向，关乎企业的资产安全，关乎企业的品牌形象和企业的可持续发展。

在佳沃集团从0到1建设廉洁合规管理体系的过程中，秋斌和他的团队以咨询顾问的角色深度参与其中。从差距分析到廉洁合规目标的确立，从组织职能规划到成立合规监察中心，从制定一系列的廉洁合规制度到制度的执行落地，从廉洁风险评估到防控策略的部署，从线索的排查到案件的查处，从宣传培训方案的拟定到宣传培训活动的开展，都离不开秋斌和他的团队的经验与智慧。这本《企业廉洁合规实务指引》是企业从0到1建设廉洁合规管理体系的必备指导手册，它提供了非常多的被佳沃集团亲身验证的方法和工具，是探索建立中国式廉洁合规管理体系的有效尝试。企业家朋友可以通过这本书了解企业廉洁合规管理的全貌，廉洁合规从业者可以通过这本书学习企业廉洁合规建设中的实务技能。

民营企业主动开展廉洁合规工作，是贯彻落实《中共中央 国务院关于促进民营经济发展壮大的意见》的具体实践。廉洁合规是民营企业管理的应有之义。一家廉洁、诚信的企业更能获得客户的认可，一家合规经营的企业更能获得长远的发展。让我们大家一起更加重视企业内部的廉洁合规工作，常抓不懈，不断与时俱进，共同营造中国企业浓厚的诚信阳光、合规透明的商业文化，推动企业竞争力的持续提升，为国家经济、社会发展作出更大贡献。

佳沃集团董事长　　**陈绍鹏**

前言：廉洁合规要做未病先防、
既病防变和药到病除的事情

2023 年 7 月 14 日，《中共中央 国务院关于促进民营经济发展壮大的意见》一经发布，便引起社会各界广泛关注。该意见指出，民营经济是推进中国式现代化的生力军，是高质量发展的重要基础，是推动我国全面建成社会主义现代化强国、实现第二个百年奋斗目标的重要力量。该意见提出，要强化民营经济发展法治保障，健全对各类所有制经济平等保护的法治环境，为民营经济发展营造良好稳定的预期。

"打铁还需自身硬，无须扬鞭自奋蹄。"《中共中央 国务院关于促进民营经济发展壮大的意见》提振了民营企业反腐的信心。民营企业更应当主动采取措施，构建适合企业自身的防范和治理腐败的机制，并将其纳入企业合规建设。如此才能与上述意见相向而行，促进民营企业健康发展。

从宏观层面来看，经济高质量发展需要高质量的企业，廉洁合规是企业实现高质量发展的重要保障。民营企业反腐的意义不仅仅在于对自身财产权的保护，同时也意味着企业的经营行为要合法合规，廉洁合规管理体系建设的必要性和重要性也就不言而喻。从实务的角度看，企业廉洁合规管理体系不仅在腐败风险事件发生后发挥作用，在腐败风险的事前防范与事后控制环节的作用更加显著，正如《黄帝内经》所言："上工治未病，不治已病，此之谓也。"如果将腐败比喻为企业的疾病，廉洁合规就是要做未病先防、既病防变和药到病除的事情。

民营企业开展廉洁合规管理工作有很多标准和框架可以参考，例如 ISO 37301：2021《合规管理体系　要求及使用指南》、GB/T 35770—2022《合规管理体系　要求及使用指南》、国务院国有资产监督管理委员会令第 42 号《中央企业合规管理办法》等。对于民营企业来说，如何在重点关注经营与发展的同时，用有限的资源投入开展有效的廉洁合规管理工作，也是非常重要的问题。换言之，廉洁合规管理体系建设的目标就摆在那里，而民营企业在实务中应该怎么做呢？本书正是从民营企业廉洁合规管理体系建设实务出发，回答如何做的问题。

本书的第一章提出了"廉洁合规已经成为企业的生产要素"的理念，探讨了企业合规管理工作为什么可以从反腐败开始，并总结了企业廉洁合规管理体系建设实务中的"阳光生态"廉洁合规管理体系模型。从第二章到第六章具体介绍了企业开展廉洁合规管理实务工作的方法、流程和工具，涵盖了成熟度评估、组织设计、文化建设、制度建设、宣传培训、腐败风险识别、防控策略部署、腐败案件调查、数据与技术应用、体系有效性评估、体系优化与改进等企业廉洁合规管理体系建设的全流程，其中的很多工具和模板能够在实务中直接应用。这也是本书写作的初衷：帮助民营企业家、企业管理人员、合规从业者了解企业廉洁合规管理体系建设实务的全貌，帮助民营企业构建适应自身的、落地的、有效的廉洁合规管理体系。

包括廉洁合规管理在内的企业合规管理，对于国内的民营企业来说仍然是个新生事物，但不论是与企业合规管理相关的理论，还是廉洁合规管理实务，都有来自管理学、法学、审计学、社会学、心理学、侦查学、计算机科学等诸多学科领域的理论和实践作为有力支撑。在此，要感谢各领域先行者的探索和总结，也希望本书能够为企业廉洁合规管理同行者带来有益的启发和实用的帮助！

为了帮助企业更好地解决廉洁合规实务问题，为企业提供更多的廉洁合规管理的示范方法、资料和数据，本书将由中国人民大学刑事法律科学研究中心、中国犯罪学学会网络经济犯罪治理专业委员会指导，并由阳光惟诚（北京）企业管理有限公司和通标标准技术服务公司发布的"企业廉洁合规管理成熟度评价指引"作为附录，提供给各企业参考使用，以为企业廉洁合规管理体系的成熟度评估提供指标框架，帮助企业进行有效的自我评价或第三方评价。另外，为适应数字时代的出版要求，本书还将"互联网企业廉洁合规指引""2023 民营企业廉洁合规人才发展调研报告"作为网络数字资源，提供给读者（读者可通过扫码下载）。"互联网企业廉洁合规指引"提供了互联网企业建立、开发、实施、评价、维护和改进有效的廉洁合规管理体系的规范。"2023 民营企业廉洁合规人才发展调研报告"呈现了民营企业廉洁合规人才的基本情况，洞察了廉洁合规人才的未来发展趋势，为企业用人、人才就业和人才发展提出了实务建议。

由于企业廉洁合规相关理论还在探索阶段，并且本书中的实务是基于公开可研究的实践经验的总结，廉洁合规工作受到企业的发展阶段、商业模式、创始人认知、资源投入等诸多客观因素的影响，故本书中总结的方法和工具无法满足所有企业的需求，但可以作为开展廉洁合规工作的参考和借鉴。有不当之处，恳请读者朋友批评指正。

段秋斌

目　录

第一章　廉洁合规已经成为企业的生产要素

2023 年伊始，腾讯通过官方途径发布了第四次反舞弊通报，通报中披露了"腾讯高压线"案件 70 余起，涉案 100 余人。特别值得一提的是，腾讯发布反舞弊通报时不仅通报内部员工的舞弊行为，还通报了涉事的合作单位的舞弊行为，并加入永不合作主体清单。

一个巴掌拍不响，尤其涉及行贿受贿类的舞弊案件，背后往往都是公司内部员工与外部合作单位的灰色利益往来，薅的都是公司的"羊毛"。外部合作单位为了获取目标公司的订单或资源，往往向关键岗位员工行贿以增加成功概率，一旦成功，行贿所付出的成本必然要转嫁到目标公司身上。这同样符合经济规律，因为行贿行为本身没有创造财富，只会使财富以"不见光"的方式进行转移，行贿的资金从行贿单位的口袋进入受贿人的口袋，再换种方式从目标公司的口袋进入行贿单位的口袋，最终的结果是，行贿单位的财富增加了，受贿人的财富增加了，而目标公司的财富受到了损失。因为行贿单位要获取利润就必然要提高产品、服务的价格或者降低产品、服务的品质。公司莫名其妙地蒙受损失，老板和股东怎么会不生气？

我们在新闻中看到腾讯创始人马化腾在 2022 年 12 月的腾讯内部大会上炮轰公司的贪腐问题"真的是触目惊心"。公司很多业务做不起来，并不是因为管理者有问题，也不是因为业务方向有问题，而是因为贪腐漏洞太大，业务被掏空了。[①] 2022 年 12 月，百度 CEO 李彦宏在对全体员工的直播中，也没有避讳内部的贪腐问题："腾讯的那些问题，百度也都有"。百度资深副总裁崔珊珊补充道："反腐的例子百度也经常看到，也是'吓死人'。"[②]

我们自然而然地看到了一个现象和趋势，越来越多的民营企业开始对外披露反腐败、反贿赂信息，单是 2023 年春节前后，美团、TCL、东方希望、新城控股、科大讯飞、伊利、元气森林、能链集团、361 度、水滴公司、美菜、钱大妈、

---

① 腾讯重拳反腐！去年 100 余人被辞退，张蒴因受贿被判 3 年，23 家公司永不合作！马化腾：内部贪腐问题"真的是触目惊心". [2023-01-16]. https://www.nbd.com.cn/articles/2023-01-16/2635810.html.

② 腾讯自曝惊人贪腐！半数受贿在 PCG？李彦宏：那些问题百度也有. [2023-01-17]. https://mp.weixin.qq.com/s?__biz=MjM5ODg0NzQwMQ==&chksm=bece628289b9eb9449bf4ccdad486ec90f1e4ec0a3a96ccdf550ce483c9938a07846ef6efc7a&idx=1&mid=2650716060&sn=7bae8c5945ee74e02e144c85a782f325.

三福、深信服、奥普家居等诸多耳熟能详的公司，陆续发布了反腐败、反贿赂通报，涉事员工被解除劳动合同，甚至被移送司法机关，而涉事的合作单位被解除合作关系。

越来越多民营企业的反腐败、反贿赂工作开始从"要我做"转向了"我要做"，这不仅源于企业对诚信品牌和廉洁形象的需要，更是由于前文所提的腐败和贿赂造成的公司资产损失。在外部经济环境发生变化和内部经营压力增加的背景下，企业对财务支出的管控必然越来越严格。而相对的是，一家有诚信口碑的，本身也在开展反腐败、反贿赂工作的企业更容易获得客户的青睐，更容易获得客户的订单。而这正是本书最重要的价值：帮助企业建立廉洁合规管理体系，助力企业可持续发展。

思考：

1. 对于创始人和高管来说，企业廉洁合规为什么越来越重要？

2. 对于廉洁合规从业者来说，如何让企业创始人和高管认可廉洁合规的价值？

3. 企业廉洁合规建设中，如何借鉴和应用一体推进"三不腐"的政府反腐经验？

4. 企业廉洁合规建设中，如何应用"三道防线"理念？如何进行职责划分？如何构建协作机制？

第一节　企业合规从反腐败开始

在介绍企业廉洁合规概念之前，我们首先需要梳理清楚企业内部的"舞弊""腐败""贿赂"这些名词之间的关系和区别。

"舞弊"一词在中文中是指使用欺骗的手段做违法乱纪的事。清朝大学士纪昀在《阅微草堂笔记·如是我闻一》中写道："此辈依人门户，本为舞弊而来。"把这个释义放到当今社会仍然适用。而在企业经营和管理的场景谈舞弊，范畴会更加明确。国际上对企业舞弊的通行定义可以参考注册舞弊审查师协会（Association of Certified Fraud Examiners，ACFE）给出的说明：通过故意滥用或不当使用雇主的资源或资产，利用自己的职务谋取私利。[①] 具体包括腐败、资产挪用、财务报表舞弊三大类。腐败包括贿赂、非法馈赠、利益冲突和经济敲诈；资产挪用包括挪用现金、存货和其他资产；财务报表舞弊指在本组织的财务报表中对相关信息故意制造错误或者遗漏。ACFE 给舞弊下的定义本质上没有脱离用欺骗手段做违法乱纪的事情的范畴。

[①] Occupational Fraud 2022：A Report to the Nations. ACFE 网站 . https：// legacy. acfe. com/report-to-the-nations/2022/？ _ ga＝2. 8100667. 84119350. 1675847529 - 1121148814. 1675847528.

"腐败"一词在中文中含义比较丰富，可以指物体腐烂，可以指文章内容陈腐，可以指人的思想陈腐或行为堕落，还可以指制度、组织、机构和措施等混乱。在企业经营和管理的场景中，腐败是指员工违反国家法律和公司制度，滥用职权对业务和交易的影响力而取得直接或间接的好处。ACFE对腐败的解释同样如此。中央纪委、监察部网站引用《习近平关于严明党的纪律和规矩论述摘编》直指"腐败的本质是权力出轨、越轨"[①]。把这句话放在企业的场景中同样适用。

"贿赂"一词的含义比较明确，在中文中意指为谋取不正当利益，给予对方单位或者个人金钱或其他利益，以排斥竞争对手，获得更大利益的行为。ACFE把贿赂列为为腐败的一种类型。

按照ACFE的定义，舞弊包含了腐败，腐败又包含了贿赂。但在中国企业的实际经营和管理的场景中，谈起舞弊和腐败时几乎可以画等号，本质上都是以职务便利谋取私利，而当事人不仅指公司员工，也包括公司股东、高管和实际控制人。

本书所称的廉洁合规本质上等同于反腐败、反贿赂合规，从企业层面看不能通过行贿的方式谋取竞争优势以获取订单，

---

① 腐败的本质是权力出轨、越轨. [2022-01-25]. http://m.ccdi.gov.cn/content/a2/88/8072.html.

从个人的层面看不能通过滥用职权谋取私利，包括收受贿赂、职务侵占、挪用资金等，而放到具体的腐败场景中，其手段又五花八门、层出不穷。

根据《中央企业合规管理办法》对"合规"一词的定义，合规是指企业经营管理行为和员工履职行为符合国家法律法规、监管规定、行业准则和国际条约、规则，以及公司章程、相关规章制度等的要求。① 企业开展的反腐败、反贿赂工作天然就具备合规的属性，而企业合规理念的提出又具有正向引导的价值倾向，故本书采用表述更加简洁且正向的"廉洁合规"一词。

2018年，国务院国有资产监督管理委员会印发了《中央企业合规管理指引（试行）》②，推动中央企业全面加强合规管理，加快提升依法合规经营管理水平。自此，"企业合规"正式进入国内企业的视野，陆续出台的法律和政策也在引导和帮助企业从"野蛮生长"转变到"合法合规经营"。

自2020年3月起，最高人民检察院部署在江苏张家港、深圳宝安等6个基层人民检察院开展涉案企业合规改革试点。对于涉案企业，检察机关依法可不捕、不诉的，责成其作出

---

① 中央企业合规管理办法. 国务院国有资产监督管理委员会网站. http：//www. sasac. gov. cn/n2588035/c26018430/content. html.

② 关于印发《中央企业合规管理指引（试行）》的通知. http：//www. sasac. gov. cn/n2588035/c9804413/content. html.

合规承诺、切实整改。

自 2021 年 3 月起，在总结第一批试点经验的基础上，最高人民检察院部署在北京、上海、江苏、浙江等 10 个省份开展第二期试点工作。一些非试点省份的检察机关根据本地情况，积极主动在法律框架内开展相关改革工作。

2022 年 4 月 2 日，最高人民检察院会同中华全国工商联宣布，涉案企业合规改革试点在全国检察机关全面推开。[①]

2022 年 8 月，《中央企业合规管理办法》正式出台。这对中央企业意味着合规不再是引导和建议，而是要求。对于民营企业来说，《中央企业合规管理办法》提供了清晰的合规管理框架，不论是从零到一建立合规管理体系，还是在现有合规管理工作之上进行优化完善，《中央企业合规管理办法》都具有重要的指导意义。

那为什么企业要建立合规管理体系？为什么说廉洁合规已经成为企业的生产要素呢？

第一，廉洁合规关乎企业经营的合法性，是中国企业开展经营活动的前提条件。

《中华人民共和国反不正当竞争法》明确规定了经营者不得采用财物或者其他手段贿赂交易相对方的工作人员、受交

[①] 最高检推广"涉案企业合规改革"有何深意．［2022－04－06］．https：//www. spp. gov. cn/zdgz/202204/t20220406＿553447. shtml.

易相对方委托办理相关事务的单位或者个人、利用职权或者影响力影响交易的单位或者个人，以谋取交易机会或者竞争优势。经营者在交易活动中，可以以明示方式向交易相对方支付折扣，或者向中间人支付佣金。经营者向交易相对方支付折扣、向中间人支付佣金的，应当如实入账。接受折扣、佣金的经营者也应当如实入账。经营者的工作人员进行贿赂的，应当认定为经营者的行为；但是，经营者有证据证明该工作人员的行为与为经营者谋取交易机会或者竞争优势无关的除外。

经营者违反《中华人民共和国反不正当竞争法》规定贿赂他人的，由监督检查部门没收违法所得，处 10 万元以上 300 万元以下的罚款。情节严重的，吊销营业执照。

2021 年 9 月，中央纪委国家监委与中央组织部、中央统战部、中央政法委、最高人民法院、最高人民检察院联合印发《关于进一步推进受贿行贿一起查的意见》（以下简称《受贿行贿意见》）。

《受贿行贿意见》指出：坚持受贿行贿一起查，是党的十九大作出的重要决策部署，是坚定不移深化反腐败斗争、一体推进不敢腐、不能腐、不想腐的必然要求，是斩断"围猎"与甘于被"围猎"利益链、破除权钱交易关系网的有效途径。要清醒认识行贿人不择手段"围猎"党员干部是当前腐败增量仍有发生的重要原因，深刻把握行贿问题的政治危害，多措并举提高打击行贿的精准性、有效性，推动实现腐败问题的标本兼治。

《受贿行贿意见》指出：要以习近平新时代中国特色社会主义思想为指导，全面贯彻党的十九大精神，按照十九届中央纪委二次、三次、四次、五次全会的工作要求，坚持党中央对反腐败工作的集中统一领导；坚持稳中求进、坚定稳妥、系统施治、标本兼治；坚持实事求是、依规依纪依法，罪刑法定、疑罪从无，充分运用政策策略、纪法情理融合；坚持无禁区、全覆盖、零容忍，坚持重遏制、强高压、长震慑，坚持受贿行贿一起查，使不敢腐、不能腐、不想腐一体化推进有更多的制度性成果和更大的治理成效。

《受贿行贿意见》要求：坚决查处行贿行为，重点查处多次行贿、巨额行贿以及向多人行贿，特别是党的十八大后不收敛不收手的；党员和国家工作人员行贿的；在国家重要工作、重点工程、重大项目中行贿的；在组织人事、执纪执法司法、生态环保、财政金融、安全生产、食品药品、帮扶救灾、养老社保、教育医疗等领域行贿的；实施重大商业贿赂的行为。

《受贿行贿意见》要求：纪检监察机关、审判机关和检察机关根据职能职责严肃惩治行贿行为。纪检监察机关要严格依法履行查处行贿的重要职责，对查办案件中涉及的行贿人，依法加大查处力度，该立案的坚决予以立案，该处理的坚决作出处理，并建立对行贿人处理工作的内部制约监督机制。检察机关和审判机关要严格行贿犯罪从宽情节的认定和刑罚适用，加大财产刑运用和执行力度。纪检监察机关、审判机关和检察机关要认真履行追赃挽损职责，尽力追缴非法获利。对于行贿所得的不正当财产性利益，依法予以没收、追缴或者责令退赔；对于行贿所得的不正当非财产性利益，如职务职称、政治荣誉、经营资格资质、学历学位等，督促相关单位依照规定通过取消、撤销、变更等措施予以纠正。

《受贿行贿意见》强调：纪检监察机关、审判机关和检察机关在履行职责过程中，既要严肃惩治行贿，还要充分保障涉案人员和企业合法的人身和财产权益，保障企业合法经营。要从严把握相关措施的适用，依法慎用限制人身权和财产权的措施，严禁滥用留置、搜查、技术调查、限制出境、拘留、逮捕等措施，严禁超范围查封、扣押、冻结涉案人员和企业的财物。要充分研判使用办案措施的后果，将采取措施对企业合法正常生产经营的影响降到最低。

《受贿行贿意见》强调：健全完善惩治行贿行为的制度规范，推进受贿行贿一起查规范化法治化。通过发布指导性文件或者案例等方式，指导纪检监察机关、审判机关和检察机关在办理行贿案件中准确适用法律、把握政策，做好同类案件的平衡。纪检监察机关要与人大机关、政协机关和组织人事部门、统战部门、执法机关等建立对行贿人的联合惩戒机制，提高治理行贿的综合效能。要组织开展对行贿人作出市场准入、资质资格限制等问题进行研究，探索推行行贿人"黑名单"制度。要加大查处行贿的宣传力度，通报曝光典型案例，深入开展警示教育，彰显对贿赂零容忍的坚定决心，在全社会倡导廉洁守法理念。①

第二，廉洁合规是企业降低内部腐败风险，实现健康可持续发展的重要保障。

2018 年，"锌财经"发表《前员工深度揭露 ofo 败局：挥霍、贪污、站队、大裁员》，从 ofo 公司城市经理的视角讲述了 ofo 从挥金如土到难以为继的整个过程：缺乏完善的管理制度让城市站滋生出诸多问题。为了提高日活跃量，城市经理常常需要申请新车，而公司并没有严格的资金审批制度，大多数情况下，甚至不需要发邮件，发个消息，自行车就可以发下来。而城市经理出差，只要是两万元以下的费用，随便找两万元发票就能报销。在招聘兼职人员的环节，通过虚报人头数还能多报兼职费用。当公司在全国范围内快速发展业务的同时，也有很多人盯着这个漏洞赚钱，这种贪污腐败的方式甚至成为一个公开的秘密。②

---

① 中央纪委国家监委会同有关单位联合印发《关于进一步推进受贿行贿一起查的意见》．［2021 - 09 - 08］．https：//www.ccdi.gov.cn/toutiao/202109/t20210908_249687.html.

② 前员工深度揭露 ofo 败局：挥霍、贪污、站队、大裁员．［2018 - 12 - 04］．https：//mp.weixin.qq.com/s/fWKkeJVU3wGhpxkOCuTMIQ.

当公司缺少内控机制或者内控失效的时候，公司因为贪腐遭受的资金损失就是源源不断的，而且这种内控失效会导致贪腐蔓延，看到其他人通过贪腐获取了高额的物质利益还不用承担责任，一定还会有更多人受到影响。

2023年，ofo小黄车客户端无法接收到短信验证码，无论在苹果App Store还是在安卓应用商店，已经搜索不到ofo小黄车App，其官方版小程序提示"需要重新绑定、网络异常"。ofo运营主体东峡大通（北京）管理咨询有限公司有43则失信被执行人信息，被限制高消费上百次，涉终本案件274件，未履行金额高达6.52亿元，至少涉及142家债主企业。ofo创始人戴某担任法定代表人的6家关联企业已被注销4家，戴某也被列为失信被执行人并限制高消费。①

2019年，大疆科技有限公司（以下简称"大疆"）在内部反腐败公告中提到，员工贪腐之所以被发现，还是因为2018年公司进行管理改革时，发现在供应商引入决策链条中的研发人员、采购人员、品控人员大量存在腐败行为，其他体系也存在销售、行政、售后等人员利用手中权力谋取个人利益的现象。2018年供应链贪腐造成平均采购价格超过合理水平的20%以上，保守估计造成的损失超过10亿元人民币。

---

① ofo小黄车无法登录，运营主体和创始人变老赖，欠了多少债，[2023-02-22]. https：//view.inews.qq.com/k/20230222A07PDY00.

供应链贪腐事件被发现后，大疆立刻采取行动，处理涉嫌腐败和渎职人员 45 人，其中涉及供应链决策腐败的研发、采购人员最多，共计 26 人，销售、行政、设计、工厂共计 19 人，问题严重、移交司法处理的有 16 人，另有 29 人被直接开除。当时大疆公关团队表示：公司对于诚信反腐的建设一直非常重视，此前也有对违规行为的查处和纠正，此次确实涉及面较广，金额也比较巨大，公司已经成立了专门的反腐小组来深入调查，并开展诚信文化建设。大疆不会因为发展速度快就宽容腐败，也不会因为腐败就停下发展的脚步。①

　　2020 年，中国裁判文书网发布了"吕某、伊某非国家工作人员受贿二审刑事判决书"，该判决书显示，被告人吕某于 2015 年至 2018 年 7 月在大疆公司任职采购经理，被告人伊某于 2015 年 2 月至 2016 年 5 月在大疆公司任职采购经理。伊某在任职期间引进威欣睿公司作为大疆公司的供应商。伊某离职后，吕某负责威欣睿公司的采购业务。在 2016 年上半年，吕某与伊某商量后，由伊某找威欣睿公司总经理林某索要好处费，提出按照采购额的 5% 收取，林某经考虑后表示同意。在从 2016 年 7 月至 2018 年 8 月间，林某安排公司会计向伊某转账 3 626 788 元，伊某分给吕某大约 140 万元。按

---

　　① 大疆内部贪腐涉及多个环节 损失超 10 亿 . [2019 - 01 - 18]. https：//baijia-hao. baidu. com/s？id=1622981077127776219&wfr=spider&for=pc.

照伊某的说法，这5%的好处费，不但要分给吕某，还要给品质管理人员、研发人员，以及下单的工作人员等。此外，吕某也利用其在采购部的职务便利，帮助威欣睿公司获得大量采购订单，威欣睿公司的销售额从原来平均每月21.5万元飙升至每月364.8万元。截至报案时采购额共计约7 500余万元。①

第三，中国企业走出国门，实现海外业务的布局与发展，廉洁合规是必经之路。

2006年11月，西门子行贿事件曝光。根据美国证券交易委员会在起诉材料中的说明，从2001年3月到2007年9月，西门子向全球多个国家的政府官员进行了广泛且系统的行贿以获取业务订单。在此期间，西门子向第三方咨询公司、公关公司提供了至少4 283次、总计约14亿美元的资金用于行贿。2008年12月，西门子以交纳16亿美元罚款为代价，与德国和美国的司法机构达成和解，并在合规考察期内重建了反商业贿赂合规计划，又在此基础上逐步建立了反垄断、反洗钱和数据保护等专项合规计划。

2014年12月，阿尔斯通承认其美国分公司存在海外行贿行为，并接受美国司法部作出的7.72亿美元罚款。主要原

---

① 月入6万仍吃回扣上百万！大疆原采购经理因贪腐被判刑，细节披露．[2020-05-29]．https：//baijiahao.baidu.com/s? id=1668011499182808750&wfr=spider&for=pc.

因是阿尔斯通美国分公司涉嫌在印度尼西亚、埃及、沙特阿拉伯等国通过贿赂手段获得总额超过 40 亿美元的工程合同。[①]

2022 年 5 月，在美国、英国、巴西三国的联合调查之下，瑞士大宗商品贸易巨头嘉能可承认了多年来在全球多国的行贿及市场操纵行为，并同意支付高达 15 亿美元的罚款。主要原因是嘉能可在喀麦隆、赤道几内亚、科特迪瓦、尼日利亚和南苏丹的石油业务中，涉嫌七起利益驱动型贿赂和腐败案件。[②]

跨国企业因违规被处巨额罚金的事件经常都可以从新闻媒体中看到，而贿赂是最常见的违规行为。腐败严重破坏法治环境、扰乱经济秩序，是国际组织和世界各国政府重点打击的对象。

为了治理腐败和贿赂，经济合作与发展组织作为政府间国际组织于 1997 年正式通过《关于打击国际商业交易中行贿外国公职人员行为的公约》（简称《OECD 反腐败公约》），该公约于 1999 年生效；联合国主导的具有法律约束力的国际性反腐败公约《联合国反腐败公约》于 2005 年 12 月生效；2006 年，世界银行推进制裁制度改革，发布了《反腐败指导方针》。

---

① 跨国行贿，阿尔斯通遭 7.7 亿美元罚款．[2014 - 12 - 25]．http：//cpc．people．com．cn/n/2014/1225/c83083 - 26273503．html．
② 这家全球巨头"认罪"被罚 100 亿！向多国行贿 10 余年，用暗号掩盖．[2022 - 05 - 27]．https：//export．shobserver．com/baijiahao/html/491363．html．

对于各个国家和地区，加强反腐败，尤其反海外腐败，已经成为共识。

美国的《反海外腐败法》制定于 1977 年，先后经过三次修订。该法的主要目的是制约和惩治美国本土企业以及该法所指的外国企业的腐败行为，其中反贿赂条款规定行贿人只要有行贿意愿，即使没有实际实施或者行贿目的未实现，也可以被判定触犯法律。该法同时还指出行贿载体的含义不仅指现金，还包括礼品、旅游、餐饮招待、娱乐、回扣、慈善性捐赠、为外国官员亲属提供工作机会等。截至 2019 年 10 月，美国司法部发起的反腐败执法数量为 364 件，美国证券交易委员会发起的反腐败执法数量为 236 件。①

2010 年，英国制定了《反贿赂法》。该法第 6 条规定了"行贿外国公职人员罪"，并指出这不仅包括外国公职人员本身，还包括其要求、同意或默许的其他人，即向外国非公职人员行贿的，仍可触犯该法。这无疑进一步加大了打击海外腐败的力度。同时，该法增加了"商业组织预防贿赂失职罪"，指出：如果与组织相关的个人为使该组织获取/保留业务或商业利益而行贿他人，则相关的商业组织即构成犯罪。②

---

① 反海外腐败的法律与制度：国际比较与中国方案．[2020 - 01 - 18]．https://www.ccps.gov.cn/bkjd/xzglgg/xgglgg2020_1/202001/t20200118_137597.shtml.
② 反海外腐败的法律与制度：国际比较与中国方案．[2020 - 01 - 18]．https://www.ccps.gov.cn/bkjd/xzglgg/xgglgg2020_1/202001/t20200118_137597.shtml.

在 1997 年出台的德国《反腐败法》与德国《刑法典》《行政犯罪法》等法律规定一并发挥反腐败的作用。《反腐败法》规定：无论企业或员工主动还是被动行贿，无论其行贿行为是否扭曲了市场竞争，均被认定为腐败犯罪。《刑法典》规定，在国内或国外交易中提供、支付或接受贿赂均属刑事犯罪。《行政犯罪法》规定，公司应对代表该公司实施的腐败犯罪承担民事责任，企业管理人员应采取必要的监督措施以防止腐败犯罪，公司如触犯此类法律则可能需要支付最高达 1 000 万欧元的罚款。在现行的德国法律环境中，只要腐败行为在德国发生，或者行为人是德国公民，就被认为适用德国法律。[①]

2023 年 10 月 18 日，第三届"一带一路"国际合作高峰论坛廉洁丝绸之路专题论坛在北京举行，发布《"一带一路"廉洁建设成效与展望》，推出《"一带一路"廉洁建设高效原则》，提出共商廉洁伙伴关系、共建廉洁营商环境、共享廉洁发展成果的合作原则。

中国企业参与全球经济贸易，合规管理是必经之路，忽视合规建设不仅可能给企业带来巨额罚款，同时会导致国际业务的停摆。从前文的诸多案例中，我们不难得出结论：廉

---

① 反海外腐败的法律与制度：国际比较与中国方案 . ［2020 - 01 - 18］. https：//www.ccps.gov.cn/bkjd/xzglgg/xgglgg2020 _ 1/202001/t20200118 _ 137597.shtml.

洁合规是所有企业合规管理工作的重中之重。

第二节　企业腐败的成因与应对

一、舞弊理论概述

正如前文所讲："腐败的本质是权力出轨、越轨"。这句话放在企业的场景中同样适用。关于企业腐败的成因，理论界较为主流的观点有舞弊三角理论、GONE 理论、舞弊风险因子理论和舞弊冰山理论等。

1. 舞弊三角理论

舞弊三角理论最先是由美国的劳伦斯·索耶（Lawrence B. Sawyer）提出，后经美国注册舞弊审核师协会（ACFE）的创始人、美国会计学会会长史蒂文·阿伯雷齐特（W. Steve Albrecht）进一步发展完善。该理论认为，企业舞弊的产生是由于压力（Pressure）、机会（Opportunity）和借口（Rationalization）三个要素，不论是对于企业层面的舞弊还是对于员工个人层面的舞弊，以上三个要素都是缺一不可的。

压力是促使舞弊行为主体产生舞弊需要的因素。对于企业来说，舞弊的压力一般来源于对企业过高的经营或财务指标的期望值，或者获取非法的经济利益。对于个人来说，舞弊的压力主要包括四大类：经济方面的压力，例如家庭的负债；与工作相关的压力，例如没有获得与付出相匹配的收入；自身癖好导致的压力，例如赌博、直播打赏；其他方面的压力。

机会是使得舞弊行为顺利进行的外在环境和条件。它能够增强舞弊的可行性，同时又使舞弊不易被发现。也就是说，机会是企业内外部环境中存在的客观因素，这些因素为舞弊主体实施舞弊提供了便利，使舞弊的实现成为可能，是舞弊动机实现的前提条件。例如企业缺乏内部控制或者内部控制不完善、执行不力导致员工个人的职权过于集中。

借口是舞弊行为的自我合理化。自我合理化与行为人的道德品质密切相关，人们往往会实施与自身道德标准相符的行为，而避免实施不符合其自身道德标准的行为。舞弊行为人通常有与社会价值观相冲突的道德标准，而舞弊是一种符合其道德标准的行为，促使其实施舞弊行为。例如行为人认为"这是公司欠我的""这是行业潜规则""这是我应得的"。

2. GONE 理论

GONE 理论由美国审计学者伯洛格那（G. Jack. Bologna）等人在 1993 年提出的。该理论认为，舞弊的产生是贪婪（Greed）、机会（Opportunity）、需要（Need）和暴露（Exposure）四个因子共同导致的，它们相互作用、密不可分，没有哪一个因子比其他因子更重要，它们共同决定了企业舞弊风险的程度。

贪婪因子是根据行为人的道德水平和自身价值取向决定的。道德水平直接影响了个体行为的选择，符合其价值判断的行为就会被实施，不符合其价值判断的行为就不会被实施。舞弊行为人通常道德水平较低，不良价值判断往往在心理博弈中占据上风，在以贪婪为主要表现的道德观作用下，舞弊就成为符合行为人价值判断的选择。

机会因子往往与行为人在企业中的职权有关。行为人本身具有管理的权限和相对的信息优势，如果其岗位的职权和本人的行为得不到有效的监督和约束，就产生了实施舞弊行为的空间，而这实际上是由企业的内部环境决定的。

需要因子是指行为动机，体现为行为人想要通过舞弊行为的实施以达成的目的，例如会计对钱财的需求导致的资金被挪用、公司对上市的需求导致的财务造假。

暴露因子包括两方面：一方面指舞弊行为被发现和披露的可能性，另一方面指外部对舞弊行为人的惩罚性质及程度。舞弊本身具有欺骗性和隐瞒性，发现和揭露这种行为的可能性大小就会影响舞弊者作出是否实施舞弊行为的判断，而被发现后惩罚的性质与程度也会关系到行为实施前的判断。

3. 舞弊风险因子理论

舞弊风险因子理论是伯洛格那等人在 GONE 理论的基础上发展形成的，是迄今最为完善的关于形成企业舞弊的风险因子的学说。该理论认为：舞弊是由于舞弊风险因子的存在而产生的。按照能否被外部环境所控制，舞弊风险因子可以被划分为个别风险因子和一般风险因子两大类。

个别风险因子是外部环境难以控制的因素，因个体自身的不同而不同，主要包括道德品质和舞弊动机；而一般风险因子是能够被外部环境所控制的因素，主要包括舞弊的机会、舞弊被发现的概率以及舞弊被发现后舞弊者受罚的性质和力度。当一般风险因子与个别风险因子结合在一起，并且舞弊行为人认为舞弊能为自己获取有形或无形的利益，舞弊就会发生。

4. 舞弊冰山理论

舞弊冰山理论是伯洛格那等人在 1999 年提出的。该理论把舞弊行为比作海上的一座冰山，按照舞弊的结构和行为将舞弊划分为海平面以上和海平面以下两部分：露出海平面的部分是舞弊结构方面的考虑因素，是舞弊发生的表面原因。这部分内容很容易被发现和察觉，主要包括了内部控制、治理结构、经营情况和目标、财务状况等。而舞弊行为方面的考虑因素是处在海平面以下的部分，它是舞弊发生的根本原因。该部分内容并不是显而易见的，特别是当该因素被行为主体故意隐瞒和掩饰时，更加难以察觉，它主要包括舞弊主体的价值观、道德水平、贪婪程度、诚信观等。

根据该理论，在海面之上的仅仅只是舞弊影响因素的一小部分，而导致舞弊的关键因素是行为方面的，真正起主导作用的部分在海面以下。因此，在研究舞弊时应结合结构和行为两方面的因素加以考虑，并重点关注行为方面的因素，它是舞弊发生的最根本动因。

以上四种主流的舞弊理论，对比来看都没有脱离行为人因素和环境因素的范畴，只是对两个因素进行了不同程度的拆解。不论采用哪种理论来指导企业的反腐败工作都具有一定的价值与意义。对于腐败行为的应对，同样可以从行为人因素和环境因素两个方面展开，如果行为人不想腐、不敢腐，所处的外部环境又不能腐，那么腐败行为就能得到有效控制。

二、"不敢腐""不能腐""不想腐"机制

"不敢腐""不能腐""不想腐"及类似的观点在党的十八大之前就提出过。有的侧重于效果，比如，提高惩治和预防腐败能力，做到"不能腐""不敢腐""不想腐"；有的侧重于防线，比如，构筑领导干部"不想腐""不能腐""不敢腐"的防线；有的侧重于机制，比如，建立"不易"腐败的防范机制、"不能"腐败的惩治机制、"不需"腐败的保障机制、"不愿"腐败的自律机制；等等。党的十八大以来，党中央把惩治腐败作为当前重要任务，坚持党要管党、从严治党，"老虎""苍蝇"一起打，以零容忍态度惩治腐败。习近平总书记在十八届中央纪委第二次全会上深刻分析严峻复杂的反腐败

形势，提出要把权力关进制度的笼子里，形成不敢腐的惩戒机制、不能腐的防范机制、不易腐的保障机制。随后一年反腐败的进展使全党深刻认识到，推进党风廉政建设和反腐败斗争，要通过加强理想信念教育，增强宗旨意识，使领导干部"不想腐"；加强体制机制创新和制度建设，强化监督管理，严肃纪律，使领导干部"不能腐"；坚持有腐必惩、有贪必肃，使领导干部"不敢腐"。①

"三不腐"机制对于中国企业来说同样适用，下面我们采用京东世纪贸易有限公司（以下简称"京东"）的反腐实践进行说明。

2022年8月，京东在2022年《财富》世界500强的排名跃升至第46位，连续6年排名国内行业首位。2022年9月，京东登上2022年中国民营企业500强榜首，同时也是榜单中员工人数最多的企业。对于京东来说，各个业务板块的快速发展都离不开廉洁合规体系的建设，正是对腐败始终秉持的"零容忍"态度铸就了京东如今的成绩，而我们也可以从京东的反腐实践中看到"三不腐"机制在企业中的典型应用。

1. 不敢腐

京东在2009年就成立了监察部，全面负责整个京东集团

---

① "三不腐"有效机制探析. [2014-12-16]. https：//www.ccdi.gov.cn/lswh/lilun/201412/t20141216_119605.html.

的反腐工作，直接向京东集团 CEO 汇报，在治理结构层面保障了反腐工作的独立性和客观性。2016 年，京东集团制定并颁布了《京东集团举报人保护和奖励制度》，每年设立 1 000 万反腐奖励基金，鼓励员工和合作伙伴积极举报涉贪涉腐的职务犯罪及违规行为。对于举报的个人或合作伙伴给予 5 000 元为起点的奖励，涉及刑事案件则提高至 5 万元为起点，最高奖励 1 000 万元。从 2017 年开始，京东对外实名披露内部查处的贪腐人员信息，任何贪腐的员工都会导致解聘并实名公告，同时会录入失信名单系统，涉及刑事犯罪的被移送司法机关处理。[①] 专人查处、鼓励举报、从严处罚的措施逐项落实，"不敢腐"的机制逐步形成。

2. 不想腐

2017 年，京东制定并颁布了《京东集团廉洁奖励试行办法》，员工收到现金类（包含现金、支票、银行卡等形式）的商业贿赂后，应立刻主动联系京东监察部，并说明该笔商业贿赂的详细情况，经核验该行贿行为属实，则奖励拒收商业贿赂金额的 50%，该奖励与员工下月薪酬合并发放，并按照国家规定缴纳所得税，拒贿员工在升职和加薪时将被给予优先考量。[②] 2022 年，通过建立多层次、多元化的培训和宣传

① 段秋斌. 互联网企业反腐密码. 北京：中国人民大学出版社，2021：96 - 108.
② 段秋斌. 互联网企业反腐密码. 北京：中国人民大学出版社，2021：96 - 108.

体系，京东反腐败培训已经覆盖 100％的全职员工，并且在制度上要求新员工入职后必须完成反腐败培训课程学习并通过考核才能通过试用期，转正。拒收贿赂奖励现金、全方位的宣传教育等措施逐项落实，"不想腐"的机制逐步形成。

3. 不能腐

查处的一个个腐败案件被京东拿来做一次次的复盘，腐败案件的查处并不意味着反腐败工作的结束，而是在案件查处后充分分析业务流程和管理流程上的漏洞，并在相关流程和机制上进行管控和完善。如果是职权过于集中，就进行流程的拆解和职权的分离；如果是员工个人与供应商的联系太过紧密，就在保障业务稳定的前提下进行轮岗。京东还借助内部大数据和京东云的技术优势，大力尝试和利用大数据、人工智能（AI）和云计算在反腐败工作中的运用实践[①]，创新性地应用数据异常预警系统和腐败风险预警系统并取得良好的效果，将腐败的防控置于前端。管理上的改进、内控措施的部署及以科技的应用，也使得"不能腐"的机制逐步形成。

京东的实践充分说明了"三不腐"机制对于企业反腐工作的重要指导作用，但是对于企业来说，反腐机制只是廉洁

---

① 王京清，孙壮志. 反腐倡廉蓝皮书：中国反腐倡廉建设报告 No.8. 北京：社会科学文献出版社，2018：245 - 260.

合规体系的构成要素，我们还要站在企业治理的角度更进一步地思考，根据企业的规模和发展阶段等实际情况进行规划。

第三节　企业反腐的创新探索与实践

长期以来，中国将反腐败的战略重点放在公职人员特别是党员领导干部的腐败治理上，对私营领域反腐败缺乏国家层面的战略部署和体制内资源的保障。为推进与《联合国反腐败公约》及其他国际条约相衔接，中国曾于 2005 年到 2012 年开展商业贿赂专项治理工作，国家预防腐败局也自 2011 年起实施非公经济组织预防腐败试点工作，但着力点依然主要是国有企业和国家工作人员的渎职和贿赂问题，对所涉及的民营企业腐败问题查办是附带式的，一般作为经济案件由公安机关管辖。在顶层设计中，一直没有明确国家专门反腐机关对其的治理职责，更谈不上配套制度建设。[①]

反腐资源的配置同样存在"厚公薄私"的情况。党的十八大以来，我国实施了高压严惩的反腐战略，综合运用巡视、审计、信访、媒体等监督手段，"打虎""拍蝇"，探索国家监察体制改革试点，将反腐战线从党群机关、国家机关的全体

---

① 王田田 . 中国民营企业的内部腐败治理：从公司治理到国家治理，廉政学研究，2019 年第 1 辑（总第 3 辑），北京：社会科学文献出版社，2019：113 - 127.

党员干部、公职人员，扩展到企事业单位、金融机构及社会团体等全体公职人员。在国有企业腐败治理结构中，派驻纪检监察组、党委、纪委、巡视巡查机构都不同程度地发挥了各自作用。特别是自 2015 年以来，中央通过巡视的方式实现了对中管国有重要骨干企业和金融企业监督的"全覆盖"，2019 年十九届中央第三轮巡视专门对 42 家央企开展常规巡视，国有企业内部的巡察工作也不断深化。然而，在国家反腐战略中，私营领域，特别是民营企业的腐败治理依然没有正式提上日程，对民营企业职务犯罪的惩治，主要依靠公安机关。这在一定程度上给民营企业腐败滋生提供了温床，为民营企业腐败治理带来了挑战。①

但不能忽视的是，我国民营经济的基本性质以及其在我国社会主义基本经济制度中的重要角色，决定了民营经济在我国经济社会发展中的重要地位。在 2018 年 11 月 1 日召开的民营企业座谈会上，习近平总书记全面概括和总结了我国民营经济在我国经济社会发展中的地位和贡献："40 年来，我国民营经济从小到大、从弱到强，不断发展壮大。截至2017 年底，我国民营企业数量超过 2 700 万家，个体工商户超过6 500万户，注册资本超过 165 万亿元。概括起来说，民

---

① 王田田. 中国民营企业的内部腐败治理：从公司治理到国家治理，廉政学研究，2019 年第 1 辑（总第 3 辑）. 北京：社会科学文献出版社，2019：113 - 127.

营经济具有'五六七八九'的特征，即贡献了 50％以上的税收，60％以上的国内生产总值，70％以上的技术创新成果，80％以上的城镇劳动就业，90％以上的企业数量。在世界500 强企业中，我国民营企业由 2010 年的 1 家增加到 2018 年的 28 家。"民营经济在推动经济社会发展的过程中发挥了重要作用。[①] 这也就意味着民营企业的腐败问题不再仅仅是企业内部治理的问题，更关乎社会主义市场经济的创新与发展。

时至今日，我们看到公权力部门与民营企业自身同向发力，共同探索企业廉洁合规建设的有效举措，这些尝试对营造市场化、法治化、国际化的一流营商环境具有重要的意义和深远的影响。

一、公权力部门的探索

1. 对民营企业腐败予以立法规制

中国对民营企业腐败的立法主要体现在经济法和刑法。《反不正当竞争法》（1993 年）是中国第一部专门规范市场竞争行为的法律，首次在法律上提出市场交易中的贿赂问题，规定了经营者贿赂行为的民事责任和刑事责任。《关于禁止商业贿赂行为的暂行规定》（1996 年）进一步明确了商业贿赂的

---

① 邱海平. 实现民营经济健康发展、高质量发展：深入学习习近平总书记关于发展民营经济的重要论述. ［2023－04－18］. http：//www. rmlt. com. cn/2023/0418/671344. shtml.

内涵与外延，成为工商行政管理机关查处商业贿赂行为的执法依据。1997 年《刑法》已明确将公司、企业人员的侵占、行贿和受贿行为规定为犯罪。目前，中国已经形成了包括"对非国家工作人员行贿罪""非国家工作人员受贿罪""职务侵占罪""挪用资金罪"等在内的民营企业内部腐败犯罪罪名体系。2020 年通过的《刑法修正案（十一）》更是将非国家工作人员受贿罪和职务侵占罪的最高刑罚处 5 年以上有期徒刑提高至处 10 年以上有期徒刑或者无期徒刑，将挪用资金罪的最高刑罚从 3 年至 10 年有期徒刑提高至处 7 年以上有期徒刑。2021 年 9 月，中央纪委国家监委与中央组织部、中央统战部、中央政法委、最高人民法院、最高人民检察院联合印发《关于进一步推进受贿行贿一起查的意见》。此外，《公司法》《会计法》等法律法规也在反商业贿赂、防止利益冲突、强化公司财务管理、遵守职业道德等方面作出了规定。这些规定说明，对于民营企业内部商业贿赂行为，市场监督管理部门有权进行行政处罚，包括罚款 1 万元至 20 万元人民币并没收违法所得。情节严重的，可能触犯刑法，由国家强制力予以制裁。[①]

---

① 王田田. 中国民营企业的内部腐败治理：从公司治理到国家治理，廉政学研究，2019 年第 1 辑（总第 3 辑）. 北京：社会科学文献出版社，2019：113 - 127.

2. 对民营企业反腐予以司法、执法保障

1949 年公安部成立时就设立了经济保卫局，承担保卫经济建设和反特等职责。1998 年，为适应打击和防范日益严峻的经济犯罪活动的需要，公安部在经济保卫局的基础上，将刑事侦查局的有关案件侦查处并入，组建了经济犯罪侦查局。时至今日，根据《公安部刑事案件管辖分工规定》及其补充规定，公安机关经侦部门肩负着防范、打击、治理经济犯罪的职能，管辖 89 种案件，常见的有合同诈骗、职务侵占、商业贿赂、非法经营、侵犯知识产权等。

1984 年 10 月 20 日，党的十二届三中全会通过《中共中央关于经济体制改革的决定》，强调"检察机关要加强对经济犯罪行为的检察工作"。

时至今日，检察院已经具备完善的经济犯罪和职务犯罪检察职能，负责办理破坏社会主义市场经济秩序犯罪案件、电信网络诈骗犯罪以及有关计算机信息网络方面的犯罪、职务侵占罪、挪用资金罪等刑事案件，并负责对监察委员会移送的贪污贿赂、渎职等职务犯罪案件和自行侦查职务犯罪案件的审查逮捕、审查起诉、出庭支持公诉、抗诉，开展相关诉讼监督以及相关案件的补充侦查。

2017 年，最高人民检察院、公安部联合修订印发《最高人民检察院、公安部关于公安机关办理经济犯罪案件的若干规定》，强调：公安机关办理经济犯罪案件，应当严格依照法定程序进行，规范使用调查性侦查措施，准确适用限制人身、财产权利的强制措施。公安机关查封、扣押、冻结涉案财物不得超权限、超范围、超数额、超时限；重大、疑难、复杂经济犯罪案件，检察院认为确有必要，可派员适时介入侦查活动。

司法、执法部门对经济犯罪、职务犯罪的打击和对民营经济的保护不仅体现在打击犯罪职责本身，还通过一系列的举措为民营企业提供专业的腐败治理建议。在最高人民检察院的部署下，各级人民检察院开展了非公经济领域职务犯罪预防专项工作，检察机关深入企业以案讲法，有针对性地为企业提供职务犯罪预防咨询，开展预防调查并提出专业建议，督促企业完善内控、会计审计和程序公开等制度。

二、企业的自主创新实践

1. 建立专职部门行使内部反腐败职能

在民营企业内部，很多企业选择建立审计监察部门来行使反腐败职能。阿里巴巴在 2009 年成立廉正部，主要职能为腐败调查、预防及合规管理，独立于各业务线内审及内控部门，向集团 CPO 汇报，调查权限上不封顶，并在 2012 年设立首席风险官。京东在 2009 年成立监察部，在 2011 年成立审计部，二者合并成立审计监察部，2011 年改组为内控合规部，构建起集调查、风控、宣教于一体的反腐败治理体系，并在 2018 年设立首席合规官。华为设立了商务稽查部作为面向全公司的反商业贿赂合规部门，集团各事业群和事业部等均指定了关键角色，并在子公司设立反商业贿赂组织，有效承接反商业贿赂职能，并设立首席合规官统一管理公司合规并向董事会汇报。

2. 制定反腐败合规制度保障反腐败工作开展

反腐败合规制度是企业开展反腐败工作的重要保障。阿里巴巴出台"阿里巴巴集团商业行为准则"，用以规范其员工与客户、业务伙伴、股东在业务关系中的行为。京东制定"京东集团反腐败条例"作为集团反腐败的根本制度，并出台"京东集团举报人保护和奖励制度"和"京东集团廉洁奖励试行办法"，鼓励全体员工加强监督，共同打造健康良好的企业环境。华为发布了"反腐败声明""华为公司反腐败政策""华为公司合作伙伴反腐败政策"，并与供应商签订了"诚信廉洁合作协议"，明确了对员工不当行为的举报、约束和监察机制。

3. 查处贪腐人员并面向社会进行披露

对贪腐人员进行有力查处是廉洁合规管理工作的抓手，而面向社会进行披露是民营企业反腐进程的一个里程碑。阿里巴巴查处的贪腐人员包括了阿里数字娱乐事业群总裁、"聚划算"总经理、阿里大文娱集团总裁等高管。从 2016 年以来京东每年都会公布反腐败的典型案例，平均每年 10 起左右，主要涉及利用职务之便牟取私利、收受商业贿赂、侵占公司商品或向商家索要现金、礼品等。2014年华为在反腐大会上披露，共查处116名涉嫌腐败的华为员工，其中有83名华为员工内部坦白，29名主动申报。历史上被查处的高管还包括了华为消费者事业群大中华区执行副总裁、消费者事业群硬件工程架构设计部部长等高管。

4. 企业联合治理腐败

通过企业之间形成的合作机制，在民营企业反腐败事业中相互助力、共同发声，构建相互策励的信息交流机制，是民营企业反腐的一个创新举措，更是高度建设性的重大进路。2017年2月，在京东、腾讯、美团等知名企业的倡导下，行业品牌"阳光诚信联盟"应运而生，截至2023年10月，阳光诚信联盟品牌企业会员已经超过800家，在民营经济领域快速形成一股反腐潮流。通过"阳光诚信联盟"，民营企业之间相互交流反腐经验，共同研究、创新反腐败机制，积极推动民营企业反腐败事业的前进。[1]

第四节 "阳光生态"廉洁合规模型

除了国家法律和司法、行政执法部门的保障，民营企业

---

① 段秋斌. 互联网企业反腐密码. 北京：中国人民大学出版社，2021.

反腐败更需要从企业治理角度出发，构建适合自身情况的廉洁合规体系。笔者和所在团队调研走访了国内 300 余家头部知名企业和各行业的龙头企业，在总结民营企业廉洁创新实践的基础上，结合国务院国有资产监督管理委员会发布的《中央企业合规管理办法》、ISO 37001 反贿赂管理体系、ISO 37301 合规管理体系、联合国毒品和犯罪问题办公室制定的《企业的反腐败道德与合规计划：实务指南》、ACFE 发布的《反舞弊行动手册》及美国反虚假财务报告委员会下属的发起人委员会（COSO）发布的《企业风险管理框架》等研究成果，提炼总结出一套关于民营企业廉洁合规管理的"阳光生态"模型（参见图 1-1），并从民营企业反腐败实践的角度提供可操作、可落地的指导，希望能帮助民营企业及廉洁合规从业者少走弯路，有效开展廉洁合规工作。

"阳光生态"廉洁合规模型在中国人民大学出版社于 2022 年出版的《实体企业反腐密码》第八章中已经提出，受篇幅所限只向读者展示了框架，本书将以"阳光生态"廉洁合规模型为基础，在第二章到第六章介绍企业廉洁合规管理实务中每个模块如何开展工作。需要特别说明的一点是，模型中的每个模块都不是独立的，而是相互联系、相互支撑的，共同构成了整个企业廉洁合规管理体系，并在与企业内、外部环境的相互作用中不断更新、生长和进化。

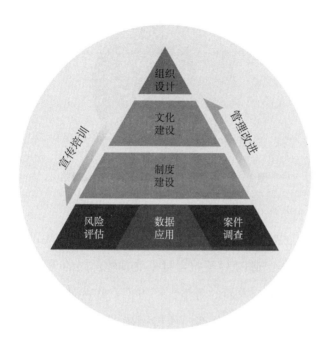

图 1-1 "阳光生态"廉洁合规模型

一、组织设计

在企业内部开展任何工作都需要由具体的职能部门或职能岗位承担,廉洁合规工作同样如此。如何设计授权充分、职责明确并能有力推动预期目标实现的廉洁合规组织结构,是开展廉洁合规工作面对的第一个考题。而就廉洁合规部门的设置来看,在组织设计上有三个必要的衡量标准(参见图1-2)。

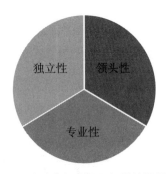

图 1－2　廉洁合规部门组织设计衡量标准

1. 标准一：独立性

独立性要求廉洁合规部门在组织架构上有一定的独立性，直接向董事会或 CEO 汇报，且不受其他部门的干预。这个标准的背后有两个方面的考量：一方面，作为监督角色的廉洁合规部门需要与被监督部门保持明确的边界，确保监督工作不受其他部门和管理人员的制约；另一方面，作为监督角色在行使内部监督权时，需要确保其他部门和人员的有效配合，并且两方没有利益关联关系。

2. 标准二：领头性

廉洁合规作为企业内部治理的重要组成部分，仅仅由廉洁合规部门承担相关职责是远远不够的，需要廉洁合规部门牵头，联合业务部门和其他职能部门共同参与，才能确保廉洁合规工作的有效落地，而不是纸上谈兵。这个标准与独立性即矛盾又统一，也正是在这种联合与监督的双重角色下，廉洁合规部门的工作更利于有效开展。

3. 标准三：专业性

从企业管理的视角看，廉洁合规是个新生事物，不论是学术界还是企业界都在探索的过程中，没有成熟的学科和专业的理论提供足够的支撑，但是廉洁合规是一项专业性极强且跨越多个学科领域的工作，包括体系搭建、机制建设、文化建设、制度编制、风险识别、风险应对、信息系统、技术应用、案件调查、宣传培训、工作合规等多个方面，这在现阶段意味着廉洁合规部门需要配备多元化的专业人才。

二、文化建设

企业文化建设对于企业来说不是个新鲜词，企业文化既是企业的内部精神表征，又是企业的外部行为指引，在不同维度上影响着企业管理。相关实证研究验证了企业文化对企业的绩效、创新、员工满意度等方面的积极影响，证明了企业文化的应用价值。对内部管理而言，企业文化是一种组织属性，是企业用于指导员工行为的价值观与信念以及对员工产生影响的社会化机制；对外部竞争而言，企业文化是一种可以运用的战略资源，包括象征物、明示价值和潜在假定等不同层次。[①]

---

　　① 刘刚，唐寅，殷建瓴. 中国企业文化研究现状与展望：基于"十三五"时期发表论文的梳理. 北京交通大学学报（社会科学版），2022（3）.

对于企业廉洁合规工作来说，廉洁合规文化建设的重要性不言而喻，把廉洁诚信放在企业文化重要位置的企业，员工的廉洁合规意识强，遵守公司廉洁合规制度的意愿性高，甚至在企业没有明确作出行为约定的情况下，员工仍然可以在廉洁诚信价值观的影响下作出正确的选择。

根据舞弊三角理论，舞弊行为的发生归因于压力、机会、借口三个要素，在建设企业廉洁合规文化的过程中，同样可以从三个方面入手，即责任、义务、权利三个要素（参见图1-3）。当员工意识到自己对公司负有责任，有权利在公司中推进反腐工作，有义务共同打击腐败行为时，廉洁诚信文化必然能够在公司内部生根发芽，最终长成参天大树。

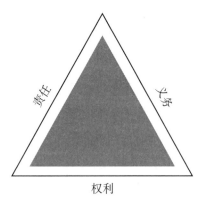

图1-3 建设企业廉洁合规文化三要素——诚信三角

1. 要素一：责任

廉洁合规绝不是公司内某个员工的事情，而是从CEO到基层员工每个人都要肩负起的责任，这份责任需要通过公司制度的形式进行明确，进而上升为整个组织的价值观。例如通过"商业行为准则"向公司内部及社会公众传达公司商业行为的原则和底线。作为公司的员工，每个人的行为都代表了公司整体的形象，这也就意味着每个人都要通过自身的言行对公司的整体形象负责。再例如通过"反腐败声明"向公司内部和社会公众传达公司对腐败行为的态度和打击腐败行为的决心，让反腐败成为每个人的责任。

2. 要素二：义务

责任要素是把所有员工看做一个整体，在价值观层面对员工行为提出原则性引导，即保持自身的廉洁，反对其他人的腐败。义务要素就是要把保持自身的廉洁具体成每个人都要遵守的一条条约定，并承担因为违反廉洁约定产生的处罚。例如通过与员工签署"员工反腐败承诺书"、与合作伙伴签署"反商业贿赂协议"，获取员工和合作伙伴的廉洁承诺，使员工和合作伙伴负有反腐败的义务。"员工反腐败承诺书"由公司与员工签署，约束了员工在工作场景中的行为红线，详尽列举了员工不能触碰的腐败行为。"反商业贿赂协议"由公司与合作伙伴签署，明确了合作期间的红线，共同遵守反商业贿赂的约定，并对违约行为承担责任。

3. 要素三：权利

有义务就必然有对应的权利，权利要素就是要在廉洁合规责任框架下，把反对其他人腐败具体成每个人都拥有的权利，可以随时行使并获得与之匹配的荣誉。例如通过发布《举报人保护与奖励制度》明确员工的举报权，并提供举报腐败行为的方法与渠道，对举报人正当行使举报权的行为进行保护和奖励，进一步推进员工和合作伙伴对廉洁合规工作的参与，通过一个个鲜活的行为建设企业廉洁合规文化。

三、制度建设

制度是开展廉洁合规工作的依据。廉洁制度的最终发布在不同的企业会经过不同的程序，但一般来说，都需要经过调研、编制、审核、签发、公示等过程。调研是必不可少的前置环节，如果发布的制度脱离业务实际情况，不能真正服务于企业发展，最终只能是一纸空文，难以落实。编制工作一般由廉洁合规部门承担，编制完成后需要经过民主程序的商讨和法务部门的审核，由董事会或 CEO 签发。制度公示工作需要特别注意的是务必让公司全体员工知晓以及留存公示的证据，甚至需要送达员工本人手中并签署确认函。

廉洁合规制度一般包括企业、机制、场景三个层面（参见图 1-4）。

1. 层面一：企业层

企业层的廉洁合规制度是所有相关制度的根源所在，也

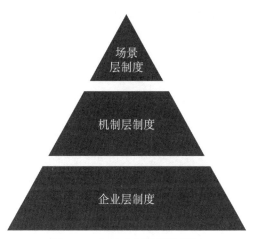

图1-4　廉洁合规制度示意图

是各部门、子公司、事业部等制定各自廉洁合规管理制度的依据，所以作为企业层的廉洁合规管理制度应该是原则性的、纲领性的，能够覆盖企业内的各种场景，在各部门、子公司、事业部等的廉洁合规制度不能解决某一具体问题时，可依据企业层的廉洁合规管理制度开展工作。

2. 层面二：机制层

机制层的制度是为了保障廉洁合规工作的顺利开展，也是连接廉洁合规部门与其他部门和员工的重要桥梁，例如："利益冲突申报与管理制度"明确了利益冲突的具体情形及员工潜在利益冲突情况的申报政策，有效降低利益冲突带来的腐败风险；"举报人保护与奖励制度"提供了举报腐败行为的方法与渠道，并对举报人进行保护和奖励，对于获取腐败线索和降低腐败发生的可能性来说都极为重要。

3. 层面三：场景层

场景层的制度区别于各部门、子公司、事业部等的具体廉洁合规制度，是在各部门、子公司、事业部等的共性场景中予以制度性规范。例如"礼品及馈赠申报制度"从员工角度出发规范了员工接受合作伙伴礼品馈赠的行为；"宴请管理制度"从员工角度出发规范了常见的合作伙伴间的宴请行为。

四、风险评估

对企业整体的腐败风险进行评估是开展廉洁合规工作的重要环节，即便公司自身并未查处过腐败案件，仍然可以通过司法判例、同行业交流、跨部门头脑风暴等方式对腐败风险进行梳理。当然，这个过程需要结合公司所属的行业特点及公司的实际业务特点，不能脱离公司实际。

腐败风险地图是用来识别分析整个公司腐败风险的有效工具，它能够具体的展示潜在的腐败手段及相关信息，它适用于公司的各个部门和各个业务场景，对于构建公司的腐败风险信息库及应对腐败具有重要的意义，表 1-1 是腐败风险地图的示例。

表 1-1　腐败风险地图示例表

部门	内部或外部	腐败类别	腐败手段	腐败人员	腐败风险切入点	潜在腐败风险	相关控制活动
营销部	内、外部	受贿	违规申请折扣	销售	业务系统	客户向销售人员行贿；违规获取折扣；造成公司资产损失	权责拆分；流程审批
财务部	内部	职务侵占	侵占公司资金	出纳	报销、入账、付款、做账	以收取公司客户、员工现金而不缴存公司账户，或者缴存个人账户后而不转入公司账户的方式侵占公司资金；以年末编造虚假未达账项、虚构对供应商付款等方式侵占公司资产	定期审查；权责拆分；流程审批
采购部	内、外部	受贿；职务侵占	供应商违规准入；虚构供应商；虚高结算款	采购员	供应商管理系统；招投标系统	收受不合格供应商的贿赂，供应商提供残次品或虚高结算金额，造成公司损失；虚构不存在的供应商，将公司资金打入个人账户，造成公司损失	签署廉洁协议；权责拆分；流程审批；供应商追责机制
运输部	内、外部	职务侵占	虚构事由偷卖公司货品	司机	运输过程	司机虚构事由，联合外部人员将公司货品进行低价转卖，造成公司货物损失，影响客户交付与公司声誉	运输全流程监控；设置货物盘点对账环节

续表

部门	内部或外部	腐败类别	腐败手段	腐败人员	腐败风险切入点	潜在腐败风险	相关控制活动
仓储部	内、外部	职务侵占	虚构事由偷卖公司货品	仓管	货物储存环节	利用仓库管理便利，虚构库存或货物损失，将公司货品进行低价转卖，造成公司资产损失	仓储监控；定期盘点

在应用腐败风险地图的过程中，可以重点关注以下问题。

● 确定如何划分腐败风险地图的维度，可以按照部门、业务等进行分类。在腐败风险梳理过程中需要考虑整个企业，并结合同行业的腐败风险点进行分析。

● 制定腐败风险地图框架，上述模板可以直接用来使用，如果不能满足需求，可以根据公司实际情况对地图模板进行调整。

● 尽可能识别腐败风险地图中每个部分的腐败手段，例如在部门内头脑风暴、与相关利益者进行交流、对相关数据进行分析等。

● 将所有识别的腐败手段整合到腐败风险地图，确保在现有的信息下没有遗漏。

● 定期更新优化腐败风险地图，尤其是在进行案件复盘后将相关信息进行梳理，整合进腐败风险地图。

五、数据应用

大数据是信息化发展到一定阶段的产物，不论是基础的人工数据分析还是应用人工智能技术对大数据进行分析，都是腐败预防、管控、调查等廉洁合规工作各个环节必不可少的，具体取决于公司面临的腐败风险的复杂性、优先级以及可调配的资源投入。互联网或技术公司在这个环节往往具有先发优势，内部数据得到了历史的积累，且技术开发较为成熟，但也有越来越多的传统企业已经开始重视数据和技术在内部治理中的应用。不论是用人工进行分析还是用技术手段进行分析，对于风险控制来说都是必不可少的。当我们在公司建立了多个数据分析工具后，可以考虑将这些工具集成于一个技术平台，提高内部廉洁合规工作的协调效率。在条件允许的情况下，可以考虑采购市场上成熟的内部调查和取证工具。

在应用数据分析技术助力廉洁合规工作时，可以参考以下操作（参见图1-5）。

● 设计分析方案。基于腐败风险评估确定的优先级反腐方案找到相关的数据源，并评估数据源的可采集性和可使用性，如果数据可采集且可使用，就可以基于此确定分析技术。

● 收集数据。在向相关利益方收集数据的过程中，数据要经过提取、转换和验证，以确保最终输出的结果对于腐败

图 1-5　应用数据分析技术助力廉洁合规工作示意图

风险管控有实际意义，并确保这个过程合法合规，尤其应当特别关注跨境数据传输的合规性。

● 运用分析技术。在对数据进行分析的过程中，需要根据数据质量和测试结果进行不断的优化，确保人工分析或技术分析输出结果的准确性和相关性。

● 向相关方提交分析结果。如果通过分析技术获得了线索，发现了潜在的腐败事件，需要按照公司的反腐败政策将相关信息提交给腐败调查小组。

● 采取纠正措施。分析结果还可以应用到腐败风险评估中，这可能对腐败风险治理的优先级产生影响，当然，这不意味着工作已经结束，数据分析是一个持续往复和不断优化的过程。

六、案件调查

开展有效的腐败案件调查是企业廉洁合规工作的重要抓手，不仅可以发现具体的腐败案件，还可以进一步采取管控措施减小同类案件发生的概率，并能够在公司内部形成有力的威慑，展示公司对腐败的态度和诚信的价值观。在经济上还可以实现有效的止损甚至挽回损失，对于公司经营的成本控制和利润提升都十分重要。

有效的腐败案件调查包括计划、取证、访谈、还原、报告五个要素（参见图1-6）。

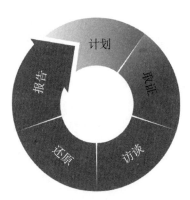

图1-6　腐败案件调查五要素

● 计划：获取到腐败案件的线索后，需要对线索的真实性进行评估，进而制订详尽的调查计划，包括调查目标、调查员、调查时间、调查所需的资源等。

● 取证：根据线索对案件进行有效取证是锁定当事人和

具体行为的关键，一般证据包括物证、书证、证人证言、当事人陈述、鉴定意见、视听资料、电子数据等，需要注意的是，证据必须经过查证属实，且形成证据链。

● 访谈：访谈对象包括怀疑的案件当事人、举报人和证人，这也是对当前证据所不能证明的客观细节的补充，在此过程中要注意对个人信息和访谈信息的保护工作。

● 还原：根据取证和访谈的结果对案件事实进行客观还原，明确谁参与了案件、使用了什么手段、做了哪些事情、什么时间做的、造成了什么后果等。

● 报告：通过调查还原案件过程后需要形成案件调查报告，并提出案件处理建议，例如按照公司制度进行内部处分、解除劳动合同、移送司法等。

七、宣传培训

在全公司范围内进行廉洁合规培训和宣传可以让员工更好地了解公司对腐败的态度和政策，并将廉洁合规培训与员工的工作行为结合起来，在规范员工自身的行为的同时，帮助员工识别可能发生的腐败风险并进行有效防范和举报。当然，培训和宣传同样要对合作伙伴开展，这对于合作伙伴了解公司的反腐败政策，进而遵守反腐败约定，保持诚信的合作关系非常重要。

在开展廉洁合规培训与宣传的过程中，需要重点考虑以下方面（参见图 1-7）。

图 1-7　廉洁合规培训和宣传的要素

- 发出者：确定由谁来进行培训与宣传，这需要站在廉洁合规体系的角度进行职能的界定，最终承担培训职责的可能是人力资源部，承担宣传职能的可能是品牌文化部。

- 内容：反腐培训和宣传的内容要根据腐败风险治理的重点进行内容的编排，例如法律法规、公司制度、案例、行动建议、举报渠道等。

- 渠道：在向员工和合作伙伴传达廉洁合规内容时需要考量合适的渠道，例如现场培训、在线培训、现场宣传活动、视频播放、宣传手册等，不同的渠道会有成本和效果上的差异。

- 接收者：在向接收者进行培训宣传时，要对对象进行划分，例如公司管理者、关键岗位员工、新员工、合作伙伴等，对于不同的对象，培训内容会有差异，例如对管理者还需要进行风险识别和腐败预防方面的培训，而对基础岗位的员工来说这些内容并不必要。

● 评估：在实施培训宣传活动后，要对效果进行评估并进行改进，评估的方式有考试、调研、相关性数据分析等，这个过程对于培训和宣传工作的有效性和持续优化至关重要。

八、管理改进

廉洁合规工作的开展始终围绕着一个前提：为企业经营和发展服务。这是包括廉洁合规部门在内的所有部门存在的根本意义。很多企业在开展廉洁合规工作时都忽略了管理改进这个环节，但是这个环节却是十分重要的，不论是对于廉洁合规工作本身的改进，还是对公司业务和内部治理来说，都具有天然的价值，能够为公司经营的健康可持续发展提供支撑和保障。管理改进工作具体包括两个方面：一方面是从廉洁合规视角指导企业管理流程和方法的改进，另一方面是对廉洁合规工作自身的改进，两个方面缺一不可。

第二章 廉洁合规管理成熟度评估与组织设计

虽然企业廉洁合规还是个新生事物，但在经济学、法学、管理学、心理学等诸多学科中成熟的、经过时间验证的理论可以作为我们开展企业廉洁合规实务工作的有力支撑。

中山大学政治与公共事务管理学院教授倪星在《腐败与反腐败的经济学研究》一书中提出：腐败行为的主体都以理性的经济人的面目出现，都是利益最大化者。贪污或者受贿是有成本和收益的，行为人会理性地进行计算，只有当腐败的预期收益超过成本时，才会选择腐败活动；反之，则会保持廉洁。对于行贿人而言，为了寻租而行贿同样有成本和收益的考量，只有当行贿的预期收益超过成本时，才会选择实施贿赂行为。

北京大学国家发展研究院经济学教授周其仁在接受新华社记者采访时提道，人力、土地、环保等成本的上升是可以通过市场来解决的，而"腐败成本"是市场没法解决的，只有交给反腐。腐败不仅抬高"中国制造"的成本，还扭曲了市场在资源配置中的作用，阻碍各项改革的有效推进。由于腐败因素的存在，在项目审批、土地交易、招投标等领域竞争中胜出的并不一定是优秀企业，不少是存在利益输送的企业。①

而企业从内部构建廉洁合规体系恰恰是一种主动介入企业经营的过程，更是与市场"潜规则"对抗的过程。在这项工程开始前，目标明确且具备可行性的廉洁合规体系建设方案是必不可少的，如果没有经得起推敲的方案和计划作为行动指导，体系建设的过程往往会出现之前的工作被推翻又重新来过的情况，在造成资源浪费的同时，还会为后续的工作带来阻力。体系建设虽然是由廉洁合规部门牵头，但必然需要所有部门的共同参与，而一份被老板和各部门负责人认可并表决通过的体系方案，能够有效解决这些潜在的问题。

在管理学领域，沃特·阿曼德·休哈特（Walter A. Shewhart）提出了"PDCA循环"，后被戴明采纳、宣传，获得普及，故又称"戴明环"。"PDCA循环"在管理中分为四个阶段，即Plan（计划）、Do（执行）、Check（检查）和Act（处

① 经济学家谈反腐与经济发展：割除危害经济健康的腐败"毒瘤". ［2016 - 01 - 10］. http：//fanfu. people. com. cn/n1/2016/0110/c64371 - 28034030. html.

理），把各项工作按照作出计划、计划实施、检查实施效果，然后将成功的纳入标准，不成功的留待下一循环去解决。

将"PDCA循环"放在廉洁合规管理体系建设的场景中同样适用。在"Plan"阶段分析企业廉洁合规工作现状、找出问题、确定目标、拟订方案、制订计划；在"Do"阶段按照预定的方案和计划，根据已知的内外部信息，设计出具体的行动方法、方案，进行布局和具体操作，以实现预期目标；在"Check"阶段检查、评估方案是否有效，目标是否达成；在"Act"阶段对已被证明有成效的措施进行标准化，制定成工作标准，对发现的问题进行总结，转进下一个"PDCA循环"，不断完善。

思考：

1. 贵公司廉洁合规的战略和策略是什么？

2. 贵公司廉洁合规部门的使命和价值观是什么？

3. 贵公司的廉洁合规目标是什么？公司提供哪些资源支持以实现廉洁合规目标？

4. 贵公司如何评价廉洁合规建设成熟度？

第一节　企业廉洁合规管理成熟度评估

《孙子兵法·谋攻篇》中说，"知彼知己，百战不殆；不知彼而知己，一胜一负；不知彼不知己，每战必殆"。方案和决策如果不以充分的相关信息为基础，最终执行下来往往不能达到预期目标。廉洁合规管理体系建设的第一步，就是要掌握信息、摸清现状，对企业目前的廉洁合规成熟度进行评估。

以"阳光生态"廉洁合规模型的八个维度为基础，笔者和所在团队总结出了企业廉洁合规管理成熟度评估模型（参见表2-1），每个维度按照成熟度被分为初始级、经验级、规范级、治理级、标杆级共五个级别，并标明对应的分数和参考标准。在应用评估模型时可以根据企业的实际情况加总八个维度的得分，最终得分区间会是0～80分。

表2-1　企业廉洁合规管理成熟度评估模型

评估维度	初始级（0分）	经验级（2.5分）	规范级（5分）	治理级（7.5分）	标杆级（10分）
组织保障	没有反腐败职能	反腐败职能由其他部门兼任或没有专职人员	有独立的反腐败职能部门，但工作职责界定不清，缺乏规范化工作流程	有独立的反腐败职能部门，工作职责界定清晰，工作流程规范	有独立的反腐败职能部门，分工明确，形成有效协同机制，高绩效产出，定期汇报与工作改进
廉洁文化	公司层面没有廉洁合规意识，缺乏反腐败动作	公司层面有廉洁合规意识，但廉洁文化依赖口口相传	公司层面较为重视廉洁合规，并且进行了少量的规范化动作	公司层面极为重视反腐败合规，并且建立了完备的管理层承诺、举报和利益冲突申报等机制	将廉洁合规上升到公司战略层面，以经营和利润为出发点全面建立并不断优化廉洁合规机制

续表

评估维度	初始级（0分）	经验级（2.5分）	规范级（5分）	治理级（7.5分）	标杆级（10分）
反腐制度	没有反腐败制度	反腐败制度零星见于公司其他制度文件	公司建立了部分独立的反腐败制度，或建立了完善的制度但未有效执行	公司建立了完备的反腐败制度，并且进行了有效执行	反腐败制度成熟运行，并根据反馈不断优化改进
风险评估与应对	从未对业务高风险和重点领域进行腐败风险识别和评估	对部分业务高风险和重点领域进行了腐败风险识别和评估	建立了整个公司层面的腐败风险评估机制，但缺乏有效应对措施	建立了整个公司层面的腐败风险评估机制，并且采取了有效的应对措施	对整个公司的腐败风险信息进行汇总分析，形成了腐败风险信息库或风险地图，并制定有效应对措施，不断纳入新的风险信息并且定期回顾
数据应用	没有将数据应用纳入廉洁合规工作	在开展廉洁合规工作时能够调取部分相关数据	在开展廉洁合规工作时能够随时获取全量数据，并进行人工分析	建立廉洁合规数据库，并应用技术手段进行数据分析	建立廉洁合规数据库并实时更新数据，运用数字化手段全面分析腐败风险，建立数字化预警机制
案件调查	没有腐败案件的调查	调查的开展依赖外部的资源或具有随机性	能够根据发现的线索进行有效调查	配备专职调查员，将案件调查进行规范化	独立的腐败调查机制，并将调查结果应用于业务流程的优化
培训宣传	没有反腐败培训与宣传	管理人员在部门会议上进行口头宣导	有专职或兼职人员进行反腐败培训与宣传，但内容陈旧，缺乏效果评估	有专职人员进课程开发、更新、讲授，不定期进行反腐败宣传活动	建立了完备的培训与宣传机制，形成部门间联动机制，并进行效果评估与改进

续表

评估维度	初始级（0分）	经验级（2.5分）	规范级（5分）	治理级（7.5分）	标杆级（10分）
管理改进	没有廉洁合规相关的活动记录或报告，更没有管理改进动作	有廉洁合规相关的活动记录，缺乏改进动作	廉洁合规工作形成了规范文件，并形成了汇报改进机制	将廉洁合规纳入公司层面的管理程序，形成有效的定期汇报和管理改进机制	形成持续的监测和管理机制，对业务起到优化和促进作用，对公司业务上下游的诚信合作关系起到正向影响

评估企业廉洁合规管理成熟度还可以采用本书附录"企业廉洁合规管理成熟度评价指引"中的评价指标。本节的评估模型采用了八个与本书内容密切相关的指标，而"企业廉洁合规管理成熟度评价指引"中的评价指标有三十五个，可以更加全面地评估廉洁合规管理现状。

开展廉洁合规管理成熟度评估工作并不复杂，其中最重要的环节是评估信息的调研工作，要求采用科学合理的调查方法，客观、完整地反映企业廉洁合规八个维度的实际情况。调研方法有文档审阅、现场审查、问卷调查、调研访谈、系统测试等，下面我们具体说明。

一、廉洁合规管理成熟度评估调研方法

对组织保障维度的评估适宜采用文档审阅、调研访谈的形式，例如通过对人力资源部和廉洁合规部的访谈评估

廉洁合规职能的组织结构，通过对廉洁合规部门的访谈、部门工作文档的审阅评估岗位设置、人员分工、工作流程等。

对廉洁文化维度的评估宜采用文档审阅、调研访谈、问卷调查的形式，例如通过文档审阅评估廉洁文化的保障机制，通过调研访谈评估管理层对廉洁合规的重视程度，通过问卷调查评估员工的廉洁合规意识。

对反腐制度维度的评估宜采用文档审阅、调研访谈、问卷调查的形式，例如通过文档审阅评估反腐制度是否完备，通过调研访谈和问卷调查评估反腐制度是否得到了有效执行，通过调研访谈和文档审阅评估制度制定与发布流程的合规性。

对风险评估与应对维度的评估宜采用文档审阅和调研访谈的形式，例如通过调研访谈评估风险评估与应对工作的开展情况，通过文档审阅评估相关工作的规范程度。

对数据应用维度的评估宜采用文档审阅、调研访谈、系统测试的形式，例如通过文档审阅评估数据库和数据平台建设情况，通过调研访谈评估数据库和数据平台的应用效果，通过系统测试评估风险预警模型的有效性等。

对案件调查维度的评估宜采用文档审阅、调研访谈的形式，例如通过文档审阅评估调查工作的规范程度，通过调研访谈的形式评估调查工作的专业程度和合规程度。

对宣传培训维度的评估宜采用文档审阅、调研访谈、问卷调查的形式，例如通过文档审阅评估宣传培训的规范程度，通过调研访谈和问卷调查的形式评估宣传培训的实际效果。

对管理改进维度的评估宜采用调研访谈的形式，通过对廉洁合规部门和业务部门的调研访谈评估管理改进流程的有效性以及廉洁合规工作对业务和管理的影响。

二、廉洁合规管理成熟度评估报告

八个维度的基础调研工作完成后，我们要对收集的调研信息进行整理归纳，客观给出廉洁合规每个维度的得分，甚至形成廉洁合规管理成熟度评估报告。不论是以报告的形式还是成熟度得分的形式，其核心都是为了帮助我们了解企业目前的廉洁合规工作现状，为后续工作的开展提供基础条件。

为了更加清晰明了地展示企业廉洁合规管理成熟度水平，我们可以采用雷达图的形式，这也正是廉洁合规管理成熟度评估报告的核心内容。下面我们举例说明如何将雷达图应用到廉洁合规管理成熟度评估工作。

例如，经过调研，我们对某企业的廉洁合规管理成熟度作出如下评估（参见表2-2）。

表2-2　某企业廉洁合规管理成熟度评分表

评估指标	调研现状	评分
组织保障	反腐败职能由审计部门兼任，没有专职案件调查人员	2.5
廉洁文化	公司层面有廉洁合规意识，但无法影响员工的行为选择	2.5
反腐制度	公司建立了部分独立的反腐败制度，包括"反腐败政策""举报制度"	5
风险评估与应对	从未对业务高风险和重点领域进行腐败风险识别和评估	0
数据应用	在开展廉洁合规工作中能够基于审计职能调取部分相关数据	2.5
案件调查	调查的开展一般是由于项目审计出的问题，案件调查成功率极低	2.5
宣传培训	没有反腐败培训与宣传	0
管理改进	没有廉洁合规相关的活动记录或报告，更没有管理改进动作	0

采用雷达图的形式展示如图2-1。

从雷达图中我们能够直观地看到案例企业的廉洁合规管理成熟度较低，八个维度的平均分为1.875，介于初始级与经验级之间，其廉洁合规管理工作在各个方面还有很大的提升空间，这也为廉洁合规管理体系建设的阶段性目标的制定提供了依据。

当然，每个维度都达到标杆级不是短时间内能够实现的，需要结合企业的实际情况和可调配的资源，分阶段、分步骤实现。以上述企业的成熟度情况为例，在保证充分资源投入

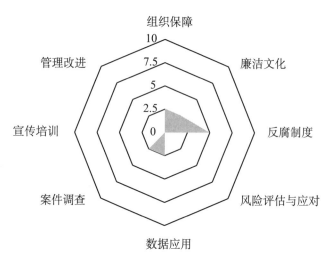

图 2-1　企业廉洁合规管理成熟度评分雷达图

的前提下，第一年达到规范级、第二年达到治理级、第三年达到标杆级，是较为可行的廉洁合规体系建设目标。本书也将以廉洁合规标杆级建设为目标，向读者提供具有操作性的方法和建议。

第二节　企业廉洁合规组织结构设计

从组织理论的角度看，组织指具有明确的目标导向、精心设计的组织结构与有意识协调的活动系统，同时又与外部环境保持密切联系的社会实体。① 公司作为一种组织形式，共

_____

① 　理查德·L. 达夫特. 组织理论与设计. 北京：清华大学出版社，2022：16.

同目标是该组织形成的首要因素，在内部承担相互协调功能的载体就是组织结构，通过对部门、岗位、职责、从属关系等多个因素的结合和计划执行来保证最终目标的实现，通过管理来维持组织的运转。

组织结构通常指组织确定的一种体系框架，它能够将工作任务进行分解，经过组合和协调实现高效运转，是取得较好收益的先决条件。现代管理学之父彼得·德鲁克认为，组织结构的形成不属于自然演变，如果一个组织，任其自由发展，就会造成整体混乱、摩擦和令管理者不满的收益。所以一个高效的组织结构应该是经过深度思考、细节分析和成体系的研究得来的。通常来说，组织战略决定组织结构，它是一个组织实现目标的手段，为了能够保证效率和可运转，组织结构设计应与组织战略制定相匹配，战略决定了一个组织未来要开展的关键活动，行之有效的组织结构就是能够保证相关活动的正常运行和高效开展。

对于企业来说，组织能否最大程度的发挥作用是值得思考的问题，而组织结构的设计能够充分彰显组织的功能和效用。组织结构的设计主要是通过对组织的每个部分进行重组，将组织的管理层次明确，梳理部门、岗位、人员的权责关系，群策群力，相互合作，以期实现企业目标。在进行廉洁合规组织设计时，要以公司整体的组织设计策略为指导，在公司现有的组织结构下进行廉洁合规组织设计，并根据公司组织结构的变化进行调整。

一、国内企业的组织形式

目前国内企业一般采用直线式、职能式、直线职能式、矩阵式、事业部式、模拟分权制、多维立体式、委员会等形式的组织设计，每种类型都具有不同的特点。

（一）直线式

直线式组织一般不设置专门的职能机构，由管理者直接进行管理工作，这种类型的组织构成相对简单，决策迅速且相对灵活，比较适合规模较小的组织。但是随着组织规模的扩大，管理者的管理压力会逐渐增大，管理深度会逐渐降低，影响组织和成员之间的横向联系。

（二）职能式

职能式组织通过设立职能部门来实现管理工作，因为分工明确，所以每个部门的管理者能够实现细致化管理，并且对下级的工作提出了指导性建议，弥补了直线式管理者在某个领域的专业性不足的问题，但也因为对组织进行了划分，所以将会增加统一指挥的难度，沟通成本会增加，而且对员工的个人发展具有局限性，使其容易陷入只注重部门利益而忽略组织利益的处境。

（三）直线职能式

直线职能式组织是在直线式的基础上设置相应的职能部门，将指挥和命令的权力交给各级负责人，而职能部门的指挥权力仅来自一定的授权。这种类型的组织综合了直线式和职能式的优点，但是由于各部门相对独立，容易出现信息交互不畅、横向沟通差、工作容易重复等问题。

（四）矩阵式

矩阵式组织是在直线职能式垂直管理的基础上，横向增加了领导系统，属于非长期的临时性组织。这种组织结构加强了组织内部的横向联系，克服了各部门之间信息交互不畅的问题，能够使资源得到较好的利用，专业人员之间也能够通过沟通而相互提高，但由于临时性组织的属性，员工在责任心方面不够强，而且由于是双重领导的管理模式，在出现问题的时候难以将责任分清。

（五）事业部式

事业部模式是总部按照产品或者地区成立，总部只保留部分决策权力，事业部可充分发挥主观能动性，自行处理经营活动，并且单独核算自负盈亏。这种模式比较容易调动员工的积极性，能够使公司在获得利益的同时培养更多的管理人才，但是由于需要很多专业人才，因此管理费用和支出成本相对较高，而且分权容易使总部的管理变得困难。

（六）模拟分权制

模拟分权制是介于直线式和事业部式之间的类型，由于各生产部门生产的连续性而难以分解为几个真正独立的事业部，但为了能够提升员工的生产积极性，通常将一定的自主权交给生产单位，因此其具有事业部的特性。但是各生产单位的核算只依据企业内部价格，无独立的外部市场，所以与真正的事业部类型有所差异。这种类型的组织形式通常能够调动员工的积极性，但是由于各生产单位的负责人不了解企业的全貌，容易在决策方面存在局限性。

（七）多维立体式

多维立体式是将事业部式和矩阵式结合而成，适用于具有多种产品和多地区经营的组织，这种类型的组织管理结构很清晰，但是信息沟通困难，管理成本高。

（八）委员会

委员会是一种特殊类型，通常会和其他类型的组织形式相结合使用，可以起到决策和协调的作用。

二、廉洁合规部门设置

具体到企业廉洁合规职能结构，一般与企业整体的组织结构相匹配。但都有个必要的原则，那就是廉洁合规部门必须具有独立性，直接向 CEO、董事会或监事会进行汇报，而不受其他部门或高管的干预。下面我们分别以职能式、事业部式和委员会三类最具代表性的企业组织结构形式，介绍廉洁合规部门如何设置。

（一）职能式组织结构中的廉洁合规部门

职能式的组织结构最常见于业务较为单一的公司，这类公司的业务聚焦于某个行业细分领域，通过各部门的分工协作实现公司的经营目标。在这种组织结构前提下，廉洁合规部门的设置一般与其他部门一致，设置一名部门负责人负责部门的整体工作并对部门工作成果负责，向 CEO 或董事会汇报。很多公司会选择将廉洁合规职能放到审计部、法务部或财务部等部门，在该部门设置廉洁合规工作小组或由其他岗位员工兼任，一般只开展案件调查工作而非全面的廉洁合规工作，这种情况往往是由于 CEO 或董事会对廉洁合规职能的重视程度不高，或廉洁合规职能负责人的专业性和影响力不足导致的。如果将廉洁合规建设纳入公司战略层面，廉洁合规部门的独立性与专业性是必然的要求。

蔚来、理想和小鹏三家新势力造车公司是职能式组织结构的代表性企业。蔚来汽车设立合规管理的职责部门与人员，保障合规管理体系在全公司高效运行。理想汽车在法务与合规部门下设监察团队，负责公司整体的商业道德合规机制的搭建。小鹏汽车在内控部成立监察组定期协助管理层向全体员工开展正直价值观宣贯以及贪污举报处理工作。

现阶段，廉洁合规部门的名称还未在企业界达成共识，大多数企业的选择是监察部、审计监察部、合规监察部、廉正监察部或反舞弊监察部等名称，但我们似乎能看到一种趋势，合规与监察两个词汇在企业中出现的频率越来越高，廉洁与合规两个词汇在企业员工心中的分量越来越重。

（二）事业部式组织结构中的廉洁合规部门

事业部式的组织结构一般见于集团化公司，这类公司的业务布局比较广泛，涉及多个行业和领域，在集团总部下根据业务板块设立多个事业部或子公司。在这种组织结构前提下，廉洁合规部门的设置一般有三种方式。

第一种方式是在集团总部设置廉洁合规部门，全面负责整个集团的廉洁合规工作，而不在各个事业部和子公司再另设廉洁合规部门。这种方式的优点在于充分保证了公司廉洁合规工作的独立性，以及各事业部、子公司廉洁合规工作开展节奏的一致性。其挑战在于公司不同业务的差异性较大，需要根据业务的差异采取不同的策略，且会面临来自业务方的信任压力。

第二种方式是在集团总部和各事业部、子公司分别设立廉洁合规部门，这种方式又会出现两种情况，一种情况是事业部或子公司的廉洁合规部门只对该事业部或子公司的最高决策者负责，独立开展工作，与集团总部的廉洁合规部门没有汇报关系或采用虚线汇报；另一种情况是事业部或子公司的廉洁合规部门向集团总部的廉洁合规部门汇报，事业部或子公司的最高决策者无权干预，廉洁合规部门员工的劳动关系也在集团总部，这更像是一种总部派驻机制。这种方式的优点在于廉洁合规工作可以根据不同业务的实际情况采取差异化的策略，更有利于廉洁合规工作的落地执行，其挑战在于事业部或子公司自治的模式下，廉洁合规工作的独立性会受到影响。

第三种方式是在集团总部不设立廉洁合规部门，只在各事业部和子公司设立廉洁合规部门。这种方式一般是由于集团总部的充分放权以保证各业务板块的快速发展，其中的优点和挑战也显而易见，优点是不受总部指导以充分保证廉洁合规工作的效率，挑战是廉洁合规工作容易流于形式成为面子工程。

以上三种廉洁合规组织设计形式在事业部式的公司中最为普遍，但不能武断地认定三种形式孰优孰劣，这往往是由于公司发展阶段和企业文化等诸多因素共同决定的，适合公司自身情况的组织形式就是最好的选择。

事业部式组织结构的代表性企业是华为，华为商务稽查部作为面向全公司的反商业贿赂合规机构，全面构建反商业贿赂合规体系框架，指导并检查各业务领域及子公司开展反商业贿赂合规管理，确保公司对反商业贿赂合规风险的有效管控。

（三）委员会式组织结构中的廉洁合规部门

委员会式的组织结构中，廉洁合规职能的最高权力机构在企业中一般称为合规委员会或道德委员会，它们并非廉洁合规职能的执行机构，而是一种虚拟决策机构，与公司中的战略委员会、安全委员会、企业社会责任委员会等机构性质相同。合规委员会或道德委员会作为廉洁合规工作的最高决策机构，一般由公司 CEO、廉洁合规部门负责人以及廉洁合规工作相关的其他部门负责人共同组成，廉洁合规工作的战略、决策和计划等重要事项均由该机构决定，廉洁合规部门作为执行部门受其指导、向其汇报。这种廉洁合规组织设计形式常见于大型企业，这些企业已经在若干年的发展中充分认识到廉洁合规对于企业健康、长远发展的重要性，将廉洁合规纳入企业经营的战略层面，形成了内化于日常经营的廉洁合规意识。

委员会式组织结构的代表性企业是百度，百度建立了由董事会、职业道德委员会和职业道德建设部组成的三层级商业道德治理体系。其中，董事会对商业道德负最终责任，职业道德委员会负责对职业道德建设部进行指导、监督和检查，职业道德建设部负责落实具体工作。

第三节 企业廉洁合规职能设计

廉洁合规组织设计由公司的组织结构形式决定，具体到廉洁合规部门的职能设计却可以总结出普遍的共性与规律。通过"阳光生态"廉洁合规模型，我们可以清晰地看到，廉洁合规部门的职能包括文化建设、制度建设、风险评估、数据应用、案件调查、宣传培训和管理改进等。当然，这一系列工作的开展都以廉洁合规组织保障为前提，没有责任部门和责任人，一项体系性工程难以真正落地。廉洁合规作为一项公司级别的系统性工程，在职能设计上需要考虑的不仅仅是廉洁合规部门的工作职责，而且是为了实现公司既定的廉洁合规目标，在廉洁合规部门的牵头下，各参与部门和参与人要承担哪些工作，对哪些结果负责。

一、全面风险管理的"三道防线"

很多企业开展廉洁合规工作是采用的"三道防线"防控机制，将腐败作为企业风险的一种进行事前、事中和事后的管控。2006年国务院国有资产管理委员会发布的《中央企业全面风险管理指引》将"风险"定义为未来的不确定性对企业实现其经营目标的影响，同时又将风险分为纯粹风险（只可能带来损失）和机会风险（可能带来损失和盈利）。2017

年的 COSO 企业风险管理框架将"风险"定义为：事项发生并影响战略和商业目标实现的可能性。这个定义将风险范畴扩大到了对风险的"正面"和"负面"影响兼顾。《中央企业全面风险管理指引》将"全面风险管理"定义为"企业围绕总体经营目标，通过在企业管理的各个环节和经营过程中执行风险管理的基本流程，培育良好的风险管理文化，建立健全全面风险管理体系，包括风险管理策略、风险理财措施、风险管理的组织职能体系、风险管理信息系统和内部控制系统，从而为实现风险管理的总体目标提供合理保证的过程和方法。"COSO 企业风险管理框架将"全面风险管理"定义为"组织为创造、保持和实现价值的过程中赖以管理风险，并与战略制定和实施整合的文化、能力和实践"①。

COSO 企业风险管理框架设定了"三道防线"，明确了第一道防线是核心业务部门，即业务部门是第一责任机构；第二道防线是职能部门，所有能协助核心业务部门的职能部门都属于第二道防线，如战略、法务、财务、人力、安全部门等；第三道防线是保证部门，主要指内外审计部门。《中央企业全面风险管理指引》也提出了建设"三道防线"的要求，即职能部门与业务单位为第一道防线；职能部门与风险管理

---

① 司明.企业"全面风险管理体系"的建设思路.中小企业管理与科技（中旬刊），2021（7）.

委员会为第二道防线；内部审计部门与审计委员会为第三道防线。全面风险管理就是要通过三道防线建立一种企业全员和全部门参与且嵌入企业生产经营全流程的风险防范和风险管理体系，能够全面、系统地搜集、识别、评估并处理各种可能导致企业目标偏离的风险，存在及时、有效的措施可将风险控制在可承受范围内，使企业能够高质量地发展。为了帮助企业实现战略目标，全面风险管理贯穿于企业提升治理、战略、目标设定和日常运营决策能力的始终，协助企业更加紧密地考虑战略和商业目标的相关风险，从而更好地提升业绩，为企业创造、保持和实现价值指引方向。通过"三道防线"，我们可以清晰地看到，全面风险管理是一种"事前、事中、事后"管理流程和制度。风险管理的全流程管理要求事前通过有效的风险识别，实现对风险的预警预控；在事中，要求风险管理者能够通过有效的风险管理工具或者风险应对措施，对项目运行中产生的风险进行分散、分摊、转移甚至承受；在事后，要求风险管理者能够积极主动地，及时采取有效的措施，减少风险带来的损失，消除影响，总结经验教训，并对风险管理工作进行改进和完善。[①]

　　站在企业风险管理的视角，廉洁合规就是要对企业腐败风

---

　　① 司明．企业"全面风险管理体系"的建设思路．中小企业管理与科技（中旬刊），2021（7）．

险进行有效管控，以达到合规管理目标，这同样需要具备三道防线的治理要素。国内很多企业甚至已经将风险管理、内部控制和合规管理纳入企业治理框架下的三位一体建设。聚焦到廉洁合规，第一道防线需要联合业务部门对腐败风险进行有效识别，并进行基础的事前腐败风险预防工作；第二道防线需要联合风控和内控部门对腐败风险进行全面的事中监督与防控工作；第三道防线则是通过事后的审计和调查对已经发生的腐败风险事件进行专项处理，并以此不断修正和完善第一道防线和第二道防线，实现腐败风险管理的闭环。在应用"三道防线"理念进行腐败风险防控的过程中，要实现防控机制的落地，其中的关键仍然在于各道防线参与方明确的职责界定，即各参与部门和参与人要承担哪些工作，对哪些结果负责。

二、廉洁合规事前职能

事前的廉洁合规职能包括文化建设、制度建设、风险评估、宣传培训等工作。

在廉洁合规文化建设方面，廉洁合规部门需要牵头制定"商业行为准则""反腐败声明""员工反腐败承诺书""合作伙伴反商业贿赂协议"等文件，并监督这些文件的执行，对违反文件的公司行为、员工行为和合作伙伴行为进行整改。文件的制定与发布环节需要公司法务部和人力资源部的评估，与员工签署承诺书的环节需要人力资源部门的执行，与合作伙伴签署反商业贿赂协议的环节需要对口业务部门的执行。

在廉洁合规制度建设方面，廉洁合规部门需要牵头制定"廉洁合规制度""利益冲突申报与管理制度""举报人保护与奖励制度""礼品及馈赠申报制度""宴请管理制度"等一系列的廉洁合规制度，并监督制度的执行，对违反制度的当事人进行处罚。制度的制定与发布环节需要公司法务部的评估和全体职工大会或职工代表大会的审议，执行则需要各部门员工的配合。

在廉洁合规风险评估方面，廉洁合规部门需要联合各部门共同梳理腐败风险，形成各部门的腐败风险地图，这部分的工作也是前文所提及的"第一道防线"的核心，即各部门识别并采取措施预防潜在的腐败风险事件，在预防环节还可能需要内控部门或风控部门的参与，通过不相容职权分离、审批流程设置等措施降低腐败事件发生的机率。

在廉洁合规宣传培训方面，廉洁合规部门需要联合人力资源部门或培训部门制订年度廉洁合规培训计划、开发廉洁合规培训课件、实施廉洁合规培训，联合企业文化部门或行政部门制订年度廉洁合规宣传计划、编制廉洁合规宣传方案、实施廉洁合规宣传活动。

三、廉洁合规事中职能

事中的廉洁合规职能主要指通过数据应用对腐败风险进

行实时监督。这方面需要联合研发部门或技术部门建立腐败风险信息库，通过腐败风险预警模型对异常指标进行实时监督，当出现风险信号时向廉洁合规部门进行提示。这部分的工作在具备"三道防线"的企业中需要与风控部门和内控部门联合开展工作，也是"第二道防线"的核心。

四、廉洁合规事后职能

事后的廉洁合规职能主要指案件调查、管理改进、宣传培训等工作。

在案件调查方面，廉洁合规部门在获取腐败案件的线索后，需要对线索的真实性进行研判以决定是否开展正式的案件调查工作，如是，则组建调查小组通过调查取证还原案件原貌。最终的结果有三种情况：查实、查否和中止。查实是指腐败案件真实发生，查否是指腐败案件并不存在，中止是指由于客观因素的影响无法顺利开展后续调查。调查中涉及文件、信息、数据获取的环节需要相关部门的支持，查实后对当事人的处理需要人力资源部门和法务部门的支持。

在管理改进方面，廉洁合规部门在完成案件调查后需要联合风控部门和内控部门对案件背后所反映的管理漏洞进行分析复盘，向业务部门提出管理建议，通过一系列控制措施降低相同事件再次发生的风险。案件调查和管理改进也是"第三道防线"的核心。

在宣传培训方面，廉洁合规部门在完成案件调查后，还需要联合培训部门通过培训的形式、联合企业文化部门和宣传部门通过宣传活动的形式，进一步强化公司全体员工的廉洁合规意识，教育员工保持自身的廉洁和行为的合规，并对腐败行为进行举报，以促进廉洁合规文化的落地。

中国香港特别行政区廉政公署的职能设置对于企业来说是很好的参考。廉政公署设有执行处、防止贪污处、社区关系处和国际合作及机构事务处四个部门。执行处、防止贪污处和社区关系处三个部门的工作相辅相成，以求达致最高效率。凭借三个专职部门多年累积的专业能力及反贪经验，国际合作及机构事务处在国际层面加强与其他司法管辖区的反贪机构联系及合作，并同时为廉政公署及部门提供行政支援（参见图2-2）。

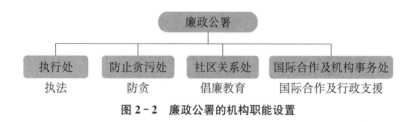

图2-2　廉政公署的机构职能设置

执行处接受市民举报贪污和调查怀疑贪污的罪行。防止贪污处审视各政府部门及公共机构的工作常规及程序，以减少可能出现贪污的情况，并会因应私营机构的要求提供防贪顾问服务。社区关系处教导市民认识贪污的祸害，并争取市民积极支持反贪的工作。国际合作及机构事务处负责国际和内地联系及培训、国际反贪局联合会秘书处，以及为廉政公署提供全面机构事务支援。[①]

在廉洁合规职能规划方面，很多企业也根据自身的情况进行了有益探索。例如小米集团在 2021 年成立安全监察部，负责集团安全保障和监察工作，同时下设 4 个二级部门，分别为：安全管理部、监察部、职业道德建设部和区域支持部。安全管理部负责统筹集团安全保卫、处理危机事件、打击黑灰产业和大型活动安保。监察部负责违规违纪问责、投诉举报管理、违规违纪查处和业务风险揭示。职业道德建设部负责集团职业道德建设、建立完善制度、阳光职场宣教和利益冲突评估。区域支持部负责支持各区域的安全监察工作。

通过对廉洁合规部门职能的梳理，可以将"三道防线"机制作为腐败风险防控机制应用于企业廉洁合规工作，但同时"三道防线"相关的工作并不能完全涵盖廉洁合规职能；不敢、不想、不能的"三不腐"机制同样可以应用于企业廉洁合规工作，但也不能完全涵盖廉洁合规职能。

第四节　企业廉洁合规部门岗位设计

明确廉洁合规部门的工作目标和职责范围后，接下来就

---

① 参见香港特别行政区廉政公署网站．https：//www.icac.org.hk/tc/about/struct/index.html.

是将目标和职责拆分到具体的岗位，规定每个岗位的任务、责任、权力以及组织中与其他岗位的关系，这个过程就是岗位设计。岗位本质上是组织的最小构成单元，也是部门职能的分解，岗位设计就是围绕工作内容、工作职责和工作关系三个方面进行设计。具体的岗位和职责确定后，招募的人才应该符合哪些要求就会变得清晰明了。

岗位设计要遵循五个原则：因事设岗原则、职责清晰原则、配合高效原则、最少岗位原则和一般性原则。因事设岗是指岗位的设定基于部门的工作目标和职责范围，不能设置与部门职责无关或无益于部门目标实现的岗位；职责清晰是指每个岗位的工作任务和工作内容清晰明了，所有岗位的任务总和又能涵盖部门的整体任务；配合高效是指各岗位在职责独立的基础上能够用最低的成本协调配合，高效率地实现部门共同目标；最少岗位原则是指同一岗位在保障工作任务可实现的前提下，设置最少的岗位数量，避免人力冗余；一般性原则是指的岗位设置要基于一般情况考虑，不能基于例外情况，即某一岗位的工作主要是经常性的，而非偶发性的。

将以上五个岗位设计原则放到企业廉洁合规的场景中，文化建设、制度建设、宣传培训相关的工作任务可以由同一岗位承担，侧重于事前的腐败风险预防工作；风险评估、数据应用、管理改进相关的工作任务可以由同一岗位承担，侧重于事中的腐败风险监督与管控工作；案件调查相关的工作任务可以由同一岗位承担，侧重于事后的腐败案件调查处理工作。由此可以绘制出适用于大多数企业的廉洁合规部门组织结构图（图2-3）。

图2-3　廉洁合规部门组织结构图

廉洁合规部门组织结构图展示了整个组织中的工作分工情况以及各个职位在整个组织中的位置，组织结构图应当说明每一个职位的名称，并且用相互链接的线条说明哪个职位应当向哪个职位报告工作，以及每个职位的任职者需要与谁进行沟通和交流。[①] 图2-3是一家企业开展廉洁合规管理工作的基本岗位配置，设置一名部门负责人全面负责企业廉洁合规体系的建设与优化工作，管理廉洁合规管理团队，并对部门工作结果负责。部门内分别设置腐败宣教岗、腐败预防岗和案件调查岗，该三人受部门负责人管理，向部门负责人汇报。腐败宣教岗负责廉洁制度建设、廉洁文化落地和廉洁宣传培训工作；腐败预防岗负责联合各部门全面梳理腐败风险点并部署管控措施；案件调查岗负责对腐败线索进行初步

---

① 加里·德斯勒. 人力资源管理. 北京：中国人民大学出版社，2017：105.

排查、案件立项后的正式调查、出具案件调查报告等工作。

如果企业规模大、员工数量多、业务线复杂，以上岗位设计不能满足企业开展廉洁合规工作的需求，那么可以结合企业的实际情况进一步调整。我们以一家业务多元的上市公司为例，搭建适合它的廉洁合规部门组织结构（图2-4）。从组织结构图可以明显看到这家公司廉洁合规部门的复杂性，相较于图2-3，最明显的特征在于中间管理层的设立与岗位职责的进一步拆分。

图2-4 业务多元上市公司廉洁合规部门组织结构图

部门组织结构图并不能完整呈现每个岗位的工作目标、工作内容和权利责任等内容，还需要每个岗位的岗位说明书做补充。岗位说明书就是用规范的文件形式对各岗位的基本信息、职责范围、任职资格、职位权限、绩效指标、胜任能力等作出明确的说明。其中最重要的是岗位职责和任职资格两类信息，有效连接了岗位和人才。我们以图2-3的组织结构图中的四个岗位为例进行说明。

1. 廉洁合规部部门负责人岗位说明书

廉洁合规部部门负责人岗位说明书

职位名称：廉洁合规部部门负责人

部门：廉洁合规部

汇报对象：CEO

岗位概述：

　　廉洁合规部部门负责人岗位负责统筹公司廉洁合规管理工作，需要廉洁合规方面的技能和经验。该职位需要与其他部门和团队合作，以确保项目按时完成并达到高质量标准。该职位需要协作和管理能力，以便在快节奏的环境中处理多项任务和优先事项。

主要职责：

　　● 制订公司廉洁合规部门的工作计划和年度预算，并监督执行情况；

　　● 搭建并优化公司的廉洁合规管理体系，确保体系的落地；

● 组织开展公司廉洁合规相关的培训和宣传工作，提高员工的廉洁意识和合规意识；

● 监督公司各项业务活动的合规性，及时发现并解决存在的合规风险；

● 与监管部门、律师事务所等外部机构的沟通和合作，及时了解相关法律法规的变化和最新动态；

● 制定公司的廉洁合规制度和流程，并监督执行情况；

● 处理公司内部的举报和投诉，并及时向公司高层汇报；

● 参与公司的内部审计和风险评估，提出合规建议和改进建议；

● 协助公司高层处理重大合规事件，保障公司的合法合规经营。

任职资格：

● 具有本科及以上学历，法律、经济、管理等相关专业优先；

● 具有 5 年以上相关工作经验，有大型企业廉洁合规管理经验者优先；

● 熟悉国家法律法规和政策，熟悉企业合规管理流程和方法；

● 具备较强的组织协调能力和沟通能力，能够有效地协调内外部资源；

● 具备较强的风险意识和判断能力，能够快速识别和解决合规风险；

● 具备较强的团队管理和领导能力，能够有效地管理团队和指导下属工作。

工作地点：公司总部

工作时间：……

福利待遇：……

2. 腐败宣教岗岗位说明书

腐败宣教岗岗位说明书

职位名称：腐败宣教岗

部门：廉洁合规部

汇报对象：部门负责人

岗位概述：

腐败宣教岗岗位负责廉洁合规文化建设、制度建设、宣传培训相关的工作，需要廉洁合规方面的技能和经验。该职位需要与其他部门和团队合作，以确保项目按时完成并达到高质量标准。该职位需要协作和执行能力，以便在快节奏的环境中处理多项任务和优先事项。

主要职责：

● 公司廉洁合规部门的文化建设和制度建设工作，包括但不限于制定公司廉洁合规文化和制度、推广和宣传公司廉洁合规文化和制度、建立和完善公司廉洁合规管理体系等。

● 公司腐败预防工作的宣传和培训，包括但不限于制订腐败预防宣传计划、组织腐败预防培训、开展腐败案例分析等。

● 廉洁合规部门的相关工作报告和分析，包括但不限于制订部门工作报告、分析公司廉洁合规情况等。

● 廉洁合规部门的其他工作，包括但不限于协助公司内部审计、监察等部门开展工作，为公司领导提供廉洁合规方面的咨询和建议等。

任职资格:

● 具有本科及以上学历，法律、管理、经济等相关专业优先;

● 具有 3 年以上廉洁合规、腐败预防等相关工作经验;

● 熟悉国家法律法规和相关政策，了解企业内控、风险管理等知识;

● 具有较强的组织、协调、沟通能力和团队合作精神;

● 具有良好的分析、判断和解决问题的能力;

● 具有较强的责任心、敬业精神和保密意识;

> ● 具有优秀的口头和书面表达能力，能够熟练使用办公软件。
>
> **工作地点：**公司总部
>
> **工作时间：**……
>
> **福利待遇：**……

3. 腐败预防岗岗位说明书

腐败预防岗岗位说明书

职位名称：腐败预防岗

部门：廉洁合规部

汇报对象：部门负责人

岗位概述：

　　腐败预防岗岗位负责廉洁合规风险评估、数据应用、管理改进相关的工作，需要廉洁合规方面的技能和经验。该职位需要与其他部门和团队合作，以确保项目按时完成并达到高质量标准。该职位需要协作和执行能力，以便在快节奏的环境中处理多项任务和优先事项。

主要职责：

　　● 对腐败风险进行评估和管理，绘制腐败风险地图，制订风险防范和控制措施，防范腐败行为的发生；

　　● 通过对技术的应用和数据的分析，对腐败风险进行

全天候的监测，提供决策支持和风险预警；

● 对已经发生的腐败风险事件进行复盘，找出管理和流程漏洞，提出改进和优化建议，推动决策的落地执行，提高公司整体廉洁合规管理水平。

任职资格：

● 具有本科及以上学历，法律、管理、经济等相关专业优先；

● 具有 3 年以上腐败管控、内控、风控等相关工作经验，熟悉腐败风险评估和管理方法；

● 熟练运用数据分析工具，具有数据分析和挖掘能力；

● 具有管理改进和流程优化经验，熟悉企业管理制度和流程；

● 具有良好的沟通和协调能力，能够有效地协调内外部资源；

● 具有良好的团队合作精神和服务意识，能够积极主动地为公司服务；

● 具有廉洁正直的职业道德和高度的责任心，能够保守公司机密和保护公司利益。

工作地点： 公司总部

工作时间： ……

福利待遇： ……

4. 案件调查岗岗位说明书

案件调查岗岗位说明书

职位名称：案件调查岗

部门：廉洁合规部

汇报对象：部门负责人

岗位概述：

案件调查岗岗位负责廉洁合规风险事件的调查和处理相关的工作，需要廉洁合规方面的技能和经验。该职位需要与其他部门和团队合作，以确保项目按时完成并达到高质量标准。该职位需要协作和执行能力，以便在快节奏的环境中处理多项任务和优先事项。

主要职责：

● 建立投诉举报渠道并受理举报，对举报信息进行研判以决定是否开展正式的案件调查工作；

● 制订腐败案件调查的工作计划和实施方案，协助部门建立反舞弊调查流程和制度；

● 对立项调查的案件进行调查，收集、分析和整理相关证据材料，形成调查报告；

● 联合相关部门对违法、违规行为进行处理，制定相应的纠正措施和处罚措施；

● 定期对案件调查工作进行评估和优化，及时发现和解决工作中的问题和难点。

任职资格：

● 具有法律、审计、财务、侦查等相关专业的本科及以上学历；

● 具有 3 年以上案件调查工作经验，能够独立开展案件调查工作者优先；

● 熟悉相关法律法规和企业内部制度，具有敏锐的观察力和分析能力，能够及时发现和处理企业内部的违法、违规行为。

● 具有良好的沟通能力和团队合作精神，能够有效地协调和配合内部各部门的工作。

● 具有较强的责任心和工作积极性，能够承受工作压力和工作量。

工作地点： 公司总部

工作时间： ……

福利待遇： ……

以上四份岗位说明书基本涵盖了廉洁合规部门各岗位的职能，图 2-4 所示的业务多元上市公司廉洁合规部门组织结构虽然设置更多的岗位，但其仍然是基于这四个岗位的进一步细化，在编制岗位说明书的时候可以依据岗位拆分的逻辑来拆解岗位说明书。

通过廉洁合规部门的岗位说明书，我们可以发现企业廉洁合规领域的人才往往都是复合型的，胜任廉洁合规工作需要多个学科的知识背景，包括财务、审计、法律、风险管理、内部控制、内部调查等诸多方面；还需要具备良好的沟通协调能力，能够与企业内外部各方进行有效的沟通，推动企业廉洁合规工作的顺利开展；还需要具备团队合作能力，能够与团队成员密切配合，共同完成企业廉洁合规工作目标；最重要的是，从事企业廉洁合规工作本身就需要具备高度的诚信意识和道德素养，能够坚守底线，采用合规的方式开展廉洁合规工作。

而国内企业廉洁合规人才却面临着三个突出问题。

第一，岗位需求量增加，人才供给不足。随着国内企业对廉洁合规的重视程度不断提高，对廉洁合规人才的需求量也在逐年增加，而人才供给严重不足，从事廉洁合规工作的往往都是其他领域跨界人才，例如从事腐败预防的有来自法务、人事、文化等领域的专家，从事腐败管控的有来自内控、风控、研发等部门的专家，从事案件调查的有来自审计、采购、销售，甚至公检法等政府部门的专家。

第二，岗位专业度提升，人才能力不足。随着企业廉洁合规职能的发展和深化，对相关人才的能力要求只会越来越高，只擅长某一领域的知识并不足以支撑企业廉洁合规工作的开展。再加上国内企业的国际化进程加快，对廉洁合规人才的国际化素质要求也在逐步提高，这意味着从事廉洁合规工作需要具备国际视野和跨文化沟通能力。

第三，转岗意愿度提升，培养机制不足。企业对廉洁合规的重视意味着资源的投入，这势必会吸引更多的各行业人才和应届毕业生从事企业廉洁合规工作，但却没有成熟的学科理论体系和公司内部培养体系支撑这些有意向从事企业廉洁合规工作的人才快速成长。其中的关键在于廉洁合规这一新鲜事物极快的发展速度和企业为了应对这一新鲜事物更倾向于选择有若干年经验的专家而不愿自己培养新人之间的矛盾。

而写作本书的其中一个目的正是试图解决以上三个问题，帮助有意向从事企业廉洁合规工作或正在从事企业廉洁合规工作却茫然无措的同行者们快速熟悉这一新鲜事物的完整脉络和底层逻辑，梳理可用于指导企业廉洁合规实务工作的理论，提供可用于解决企业廉洁合规实务问题的方法和工具。

阳光诚信联盟在 2023 年开展了民营企业廉洁合规人才的调研，编制了"2023 年民营企业廉洁合规人才发展调研报告"，呈现了从业者的基本情况和人才发展趋势。（参见本书末页二维码内容）

第三章　廉洁合规管理体系建设与文化落地

　　企业廉洁合规管理体系建设中的制度建设、宣传培训与文化落地三个模块是密不可分的，很多企业在搭建廉洁合规管理体系的初期，也会选择将这三个模块的工作交由同一个岗位来负责。这种选择在廉洁合规建设初期是可行的，但随着工作的深入，岗位及相应职责的拆分和细化不可避免。

　　建立完善的制度是企业廉洁合规体系建设的基础。制度设计强调制度的科学性、合理性和可操作性，要求制度能够适应企业实际情况，明确规定行为准则和责任分工，保障制度执行的有效性和可持续性。而宣传培训是提高员工廉洁合规意识不可或缺的手段，宣传培训工作强调宣传和培训的针对性和实效性，要求宣传内容具有吸引力和说服力，培训方式灵活多样，能够满足不同层次员工的需求。而根植于企业经营活动的廉洁合规文化能够使员工自觉遵守规章制度和道德准则。文化建设强调系统性和长期性，要求企业和员工要树立正确的价值观和形成良好的行为规范，通过制度建设、宣传培训和激励机制等手段，形成一种行为习惯。

制度建设、文化落地、培训宣传三个模块的工作在企业中一般都由具体的职能部门统筹，但廉洁合规工作的专业交叉性决定了其难以由人力资源部、培训部、行政部、文化部或组织部等部门独立开展，而廉洁合规部与相关职能部门之间的有效配合不仅能够发挥彼此所长，更能促进廉洁合规体系、制度体系、文化体系、宣传培训体系在运行中的相辅相成而非顾此失彼或矛盾重重。综合来看，我们并不建议廉洁合规部门关起门来自己单独做一套与廉洁合规相关的制度体系、文化体系和宣传培训体系，而是在现有的体系基础上融入廉洁合规要素，以实现资源的最优配置。

相较于关起门来自己统筹设计运行三套体系，廉洁合规部门与相关部门合作能极大减少前期的人力投入和后期体系维持等诸多成本，极大缩短项目的实施周期，并提升三大模块的专业性。以培训为例：公司已经建立起了一套平稳运行的培训体系，新员工、中层管理者、高层管理者以及各专业领域都有成熟的培训项目和培训课程。在对员工进行廉洁合规培训时，要做课前调研、课程开发、讲师训练、培训项目设计、组织实施培训、考核评估以及相关数据的统计和分析等一系列工作。对于非培训领域的廉洁合规专家来说，单是这些工作的学习时间就难以估量，更何况还有廉洁合规培训项目实施中不断磨合和纠错的时间成本。但是如果换种策略，将廉洁合规培训工作都纳入已成熟的培训体系，作为其中的一个专项，将廉洁合规培训内容交付培训专家开发成课件，将廉洁合规培训课程纳入各类员工的培训项目，廉洁合规培训的目标就能依托现有的培训体系和培训专家快速实现，减少了不必要的人员投入，提高了廉洁合规培训的效果，且不会反复占用受训者的时间。

这种部门间相互合作、发挥各自优势以实现最优资源配置的方式，同样适用于廉洁合规制度建设和文化建设。

思考：

1. 您如何看待企业文化与廉洁合规文化的关系？

2. 如果廉洁合规制度缺乏有效执行，您认为问题的关键在哪？

3. 如何开发一门廉洁合规培训课程？

4. 如何拟订年度廉洁合规宣传计划？

第一节　廉洁合规文化建设

企业文化是企业在发展中形成的集体价值观，体现在企业愿景、文化观念、价值观念、企业精神、道德规范、行为准则、历史传统、企业制度、文化环境、企业产品等诸多方面。究其本质，企业文化是通过企业制度的严格执行衍生而成，制度上的强制或激励最终促使员工集体产生某一行为自觉，这一集体的行为自觉便形成了企业文化。

廉洁合规文化作为企业文化的一部分，建设廉洁合规文化绝非是要重构企业文化，而是将廉洁诚信要素放到企业文化的核心位置进行充分的引导和放大，实现员工对廉洁合规文化的认同和接纳，进而对员工的行为进行指导。廉洁合规文化建设包括精神文化、制度文化、行为文化和物质文化四个要素，精神文化要素包括廉洁合规价值理念、管理层承诺和员工的价值认同；制度文化要素包括廉洁合规制度的制定与有效执行；行为文化要素包括廉洁合规教育和宣传活动；物质文化要素包括廉洁合规宣传设施、宣传物和宣传标识等。

廉洁合规文化建设四要素相辅相成，往往是你中有我、我中有你，例如一本廉洁合规宣传册（物质文化要素），内容上体现了廉洁合规价值理念（精神文化要素）和廉洁合规制度（制度文化要素），而这本宣传册可能是在一次廉洁合规宣传活动（行为文化要素）上发放的。本节我们将重点放在精神文化要素建设，另外三个文化要素建设放在制度建设、培训和宣传的部分展开。

腐败案件的发生往往取决于压力、机会和借口三个要素，也就是前文所述的"舞弊三角",在开展廉洁合规建设的过程中,前述"诚信三角"(图1-3)是塑造企业廉洁合规文化的有力工具,诚信三角包括责任、义务和权利三个要素,当员工意识到自己对公司负有廉洁责任,有义务共同抵制腐败行为,有权利参与廉洁合规工作,廉洁合规精神文化建设就能够在公司内部生根发芽。

一、责任要素

廉洁合规绝不是公司内某个员工的事情,而是从CEO到基层员工每个人都要肩负起的责任,这份责任需要通过公司制度的形式进行明确,进而上升为整个组织的价值观。例如通过"商业行为准则"向公司内部及社会公众传达公司商业行为的原则和底线,作为公司的员工,每个人的行为都代表了公司整体的形象,这也就意味着每个人都要通过自身的言行对公司的价值观负责。再例如通过"反腐败声明"向公司内部和社会公众传达公司对腐败行为的态度和打击腐败行为的决心,让反腐败成为每个人的责任。

"商业行为准则"一般包括基本行为准则、对内行为准则、对外行为准则等内容,但需要注意的是,"商业行为准则"的内容不只是廉洁合规方面的行为原则,而是关于公司商业行为的整体指导,还包括经营行为的合法合规、信息保护、知识产权保护、资产保护等诸多方面。以下示例展示了

"商业行为准则"和"反腐败声明"范文，范文突出了廉洁合规相关的内容。

1. ××公司商业行为准则

××公司商业行为准则

第一章 总 则

1.1 ××公司在合法合规的法律框架下开展全球范围内的业务，遵守当地的法律要求和道德规范，并在此基础上构建合规管理体系，致力于维护阳光透明、公平竞争的营商环境。但是由于各个国家的法律、法规、道德、习俗、宗教等差异，如果公司商业行为准则中某项规定与当地法律或宗教的强制性规定相冲突，则以该强制性规定为准，同时并不影响其他商业行为准则的效力。

1.2 本商业行为准则适用于××公司及分子公司的全体员工，要求全体员工应学习、理解并遵守本商业行为准则的每项要求。

第二章 基本准则

2.1 遵守与公司业务相关的各项法律法规。

2.2 处理业务活动与业务关系时廉洁诚信。

2.3 维护公司利益，正确处理公、私利益关系。

2.4 保护并正确使用公司的资产。

2.5 保护公司的知识产权，尊重他人的知识产权。

2.6 尊重同事及合作伙伴员工的文化和宗教信仰。

第三章 对内行为准则

3.1 妥善保管公司资产,包括厂房、设备、办公用品等有形资产和商业秘密、知识产权等无形资产,严禁利用职务之便侵占公司资产。

3.2 妥善使用公司的计算机系统,禁止恶意破坏和非法侵入。

3.3 如实记录和保存工作相关的信息和数据,并对公司相关的信息和数据(例如财务数据、业务数据、营销计划等)保密,未经授权严禁泄露给他人。

3.4 报销的费用应出于公司业务和工作需要真实发生,禁止虚假报销。

3.5 禁止暴力、胁迫、挑衅、辱骂、持有管制品等行为。

第四章 对外行为准则

4.1 未经授权,严禁代表公司对外作出任何商业或其他方面的承诺。

4.2 对外合作应坚持廉洁诚信的原则,不索贿、不受贿、不行贿。

4.3 选择合作伙伴时应秉承公司利益最大化和公平、公正的原则。

4.4 员工的亲友与公司的合作伙伴存在利益关系时,员工应报备并回避相关业务活动。

4.5 与合作伙伴合作过程中获取的资料应严格保密，禁止泄露给第三方。

4.6 参与市场竞争获取订单时，应客观、真实描述公司的产品和服务。

4.7 禁止接受明显不符合商业惯例、超出一般价值的礼品和款待，特殊情况应履行报备和上交程序。

4.8 遵守环境保护法律法规，妥善处理有害废弃物。

4.9 未经授权，严禁代表公司接受记者或咨询顾问等的采访，严禁在新闻媒体上发布消息，严禁代表公司出席公众活动。

××公司

年 月 日

2.××公司反腐败声明

××公司反腐败声明

廉洁诚信是××公司的核心价值观，我们认为腐败行为不仅影响市场公平竞争，并且严重影响社会、经济以及企业的自身发展。××公司在商业生态关系上坚持公正、共赢的理念，对影响诚信经营、违背商业道德的腐败行为坚持"零容忍"的态度，按照高标准的职业操守和诚信原则开展业务活动。

> ××公司建立了廉洁合规管理体系，并采取积极有效的措施防范腐败风险。公司与员工签署"反腐败承诺书"，要求全体员工不得接受合作伙伴的商业贿赂或变相的商业贿赂，同样要求员工不得通过直接或间接行贿的方式获得商业机会。公司与合作伙伴签署"反商业贿赂协议"，要求合作伙伴不得向××公司员工提供商业贿赂或变相的商业贿赂。
>
> 本声明适用于××公司及分子公司。
>
> ××公司
>
> 首席合规官 ×××

二、义务要素

责任要素是把所有员工看做一个整体，在价值观层面对员工行为作出原则性引导，即保持自身的廉洁，反对其他人的腐败。义务要素就是要把保持自身的廉洁转化成每个人都要遵守的一条条约定，并承担因为违反廉洁约定产生的处罚。例如，通过与员工签署"员工反腐败承诺书"、与合作伙伴签署"反商业贿赂协议"，获取员工和合作伙伴的廉洁承诺，使员工和合作伙伴负有反腐败的义务。"员工反腐败承诺书"由公司与员工之间签署，约束了员工在工作场景中的行为，详尽列举了员工不能触碰的腐败行为。"反商业贿赂协议"由公司与合作伙伴之间签署，明确了合作期间的红线，共同遵守反商业贿赂的约定，并对违约行为承担责任。以下示例展示了"员工反腐败承诺书""反商业贿赂协议"范文。

1. 员工反腐败承诺书

员工反腐败承诺书

本人作为××公司员工，已阅读并了解了公司关于反腐败的相关制度及规定。为了保障公司和个人的正当权益，防范腐败风险，本人作出以下承诺：

第一条　严格遵守中华人民共和国法律法规中有关反腐败和反商业贿赂的规定，严格遵守××公司反腐败相关制度。

第二条　任职期间，不从事以下行为：

1. 职务侵占、挪用资金、侵占公司资产、盗窃等违法、违规行为。

2. 收受贿赂、索要贿赂、介绍贿赂等违法、违规行为。

3. 收受或索要回扣、返点、返佣、礼金、好处费、感谢费、红包、礼品、礼品卡、购物卡、有价证券、贵重物品等"任何有价物"。

4. 向合作伙伴报销应由个人支付的各种费用。

5. 未经批准，接受合作伙伴付费的宴请、娱乐、旅游等活动。

6. 利用职务便利为自己或利益相关人谋取不正当利益，利益相关人包括但不限于本人的父母、配偶及其父母、兄弟姐妹及其配偶、配偶的兄弟姐妹、子女及其配偶和子女配偶的父母等。

7. 违反利益冲突原则，包括但不限于在竞争对手和合作伙伴任职等。

8. 其他形式的腐败行为。

第三条　本人自愿接受公司对本人遵守公司反腐败相关制度的监督和检查。本人一旦违反，自愿接受包括但不限于公示通报、解除劳动合同、送交司法机关处理等。

承诺人（签字）：

签署时间：　　　年　月　日

2. 反商业贿赂协议

反商业贿赂协议

甲方：【××公司　　　　】

乙方：【　　　　　　　】

双方合作期间，为了严格遵守《中华人民共和国反不正当竞争法》及其他法律有关禁止商业贿赂的规定，维护双方共同利益，促进双方合作关系的良好发展，达成如下协议。

第一条　双方的合作以廉洁诚信为前提，在业务往来中应充分体现公平、公正、廉洁、诚信的合作精神，反对商业欺诈与商业贿赂。

第二条　乙方不得向甲方员工或通过第三方向甲方员工提供任何形式的不正当利益，包括但不限于：

2.1　不得向甲方员工进行商业贿赂或变相商业贿赂。

2.2　不得给予甲方员工回扣、返点、返佣、礼金、好处费、感谢费、红包、礼品、礼品卡、购物卡、有价证券、贵重物品等"任何有价物"。

2.3　不得给甲方员工报销应由其个人支付的各种费用。

2.4　不得邀请甲方员工担任其顾问或兼职、挂职等，并给予相关费用。

2.5　不得为甲方员工的住房装修、户口迁移、出国留学等提供便利。

2.6　不得向甲方员工的利益相关人提供2.1、2.2、2.3、2.4、2.5以上条款所示的不正当利益，利益相关人包括但不限于员工的父母、配偶及其父母、兄弟姐妹及其配偶、配偶的兄弟姐妹、子女及其配偶和子女配偶的父母等。

第三条　乙方应承担以下反商业贿赂义务：

3.1　保证向甲方提供的文件、资料、数据、陈述等真实、准确。

3.2 保证双方业务往来中的数据、信息真实有效，包括但不限于供/收货数据、财务数据、时间数据、产品/服务质量信息等。

3.3 配合甲方反腐败审计与调查，接受甲方及其委托的第三方专业机构访谈等。

第四条 乙方发现涉及腐败或重大违规行为，应及时通过以下方式向甲方廉洁合规部进行举报。

4.1 电话举报：……

4.2 电子邮件举报：……

4.3 信函举报地址：……

第五条 违反本协议，乙方应承担以下违约责任：

5.1 乙方向甲方支付××元违约金。

5.2 甲方有权单方面终止合作，涉嫌违法犯罪的依法移交司法机关处理。

5.3 导致甲方利益受损的，应承担全部损失赔偿责任。

5.4 甲方有权对不诚信合作伙伴根据实际情况进行公示，并列入不诚信合作伙伴信息库，未来永不合作。

第六条 其他

6.1 本协议作为主合同的附件，与主合同具有同等的法律效力。经协议双方签署后立即生效。

6.2 本协议一式两份，甲乙双方各执一份，具有同等法律效力。

（本页以下无正文）

甲方（盖章）：

签署时间：

乙方（盖章）：

签署时间：

三、权利要素

有义务就必然有对应的权利，权利要素就是要在廉洁合规责任框架下，把反对其他人腐败具体成每个人都拥有的权利，可以随时行使并获得与之匹配的荣誉。例如通过发布"举报人保护与奖励制度"明确员工的举报权，并提供举报腐败行为的方法与渠道，对举报人正当行使举报权的行为进行保护和奖励，进一步推进员工甚至合作伙伴对廉洁合规工作的参与，通过一个个鲜活的行为使廉洁合规文化扎根企业。举报制度的范文在制度建设部分进一步说明。

我们在开展廉洁合规文化建设工作时，特别需要注意的是，精神文化不能只停留在企业价值观的字眼和一个个的口号，必须通过精神与行为的强关联性使廉洁合规文化落地，只有可对具体行为产生影响并指导行为选择的文化才能称其为企业文化。

第二节　廉洁合规制度建设

　　理论界对于制度的含义并没有达成共识，而是分别从不同的角度对其进行定义。康芒斯在《制度经济学》中把制度解释为"集体行动控制个体行动"①。拉坦认为"制度是一套行为规则，它们被用于支配特定的行为模式与相互关系"②。道格拉斯·诺斯认为"制度是一个社会中的一些游戏规则或在形式上是人为设计的构造人力行为互动的约束"③。青木昌彦认为"制度是在该经济社会中被广泛认可的一定的规则，是人们实际采取的行动，或者是一定的行为方式"④。《现代汉语词典》中把制度定义为"要求大家共同遵守的办事程序或行动准则，也可以指在一定历史条件下形成的政治、经济、文化等方面的体系"⑤。究其根源，制度本质上就是一系列被社会普遍承认的规则，这些规则对人们的行为及其相互关系起到约束和限制作用，例如国家法律和政策、社会伦理道德、传统习俗、组织规章等都属于制度的范畴，有的可以见于书面、有的依赖口口相传、有的被强制执行、有的依赖文化传

---

① 康芒斯．制度经济学：上册．北京：商务印书馆．1962；87.
② V. W. 拉坦．诱致性制度变迁理论．上海：上海三联书店．1994；329.
③ 吕中楼．新制度经济学研究．北京：中国经济出版社．2005；2.
④ 青木昌彦．比较制度分析．上海：上海远东出版社．2001；25-35.
⑤ 现代汉语小词典．北京：商务印书馆．1988；724.

统，它们共同决定了人们可以做什么和不能做什么。

作为制度的一种微观表现，企业制度也有广义和狭义之分：广义的企业制度属于生产关系的范畴，指的是企业的组织形式和社会形式，不仅包括企业内部的非市场契约，也包括企业外部的各种非市场的与市场的契约关系；狭义的企业制度主要指企业的组织形式，即企业组织内部的非市场契约，主要用于调节与企业经营有关的行为主体在企业内部的各种关系，主要包括企业的产权结构、组织结构、管理制度、分配制度、激励制度等。在狭义的企业制度中，企业组织是企业制度的物质载体。企业制度在团体生产时才会被需要和产生。根据新制度经济学相关理论，从事经济活动的人具有投机取巧为自己谋求收益最大化的行为倾向，而企业制度就能很好地约束个人的机会主义行为，并起到激励作用。

本节所指的廉洁合规制度聚焦在企业内部的管理制度范畴，其目的在于规范企业的经营行为和员工的履职行为。企业廉洁合规制度一般可以分为企业层制度、机制层制度和场景层制度。企业层制度是廉洁合规方面的顶层制度，也是制订一系列廉洁合规制度的依据，例如京东的"京东集团反腐败条例"和华为的"华为反腐败政策"；机制层制度是开展廉洁合规工作的保障性制度，例如"反腐举报制度"和"利益冲突申报与管理制度"；场景层制度规范的是具体场景下符合廉洁合规原则的行为指导，例如"礼品报备制度"和"宴请管理制度"。廉洁合规制度最终呈现的可能是一系列制度，也可能是集中所有廉洁合规相关制度于一身的单个廉洁合规手册。

"廉洁合规制度"一般包含了总则、禁止行为、腐败预防、反腐败调查及腐败行为的处理等方面的内容。总则部分一般包括廉洁合规制度制定的背景、目的、原则、适用范围等内容；禁止行为部分一般包括腐败相关的违法行为和违规行为等内容；腐败预防部分一般包括特定场景的合规性要求等内容；反腐败调查部分一般包括调查机构和调查授权的说明等内容；腐败行为的处理部分一般包括处罚的类型和流程等内容。以下是"廉洁合规制度"范文。

××公司廉洁合规制度

第一章 总 则

1.1 ××公司在关于反腐败、反贿赂的法律框架下在全球范围内开展业务，并在此基础上构建××公司廉洁合规管理体系，致力于维护阳光透明、公平竞争的营商环境。

1.2 诚信是××公司的核心价值观，在商业生态关系上坚持公正、共赢的理念，对腐败坚持"零容忍"的态度。为了保持全体员工诚信廉洁的工作作风，保障公司利益、合作伙伴利益、个人利益不受侵犯，保障公司的健康发展，特制定本制度。

1.3　本制度适用于××公司及分子公司的全体员工，要求全体员工不得接受合作伙伴的商业贿赂或变相的商业贿赂，同样要求全体员工不得通过直接或间接行贿的方式获得商业机会，更不得通过职务便利谋取私人利益、损害公司利益。

1.4　本制度所称的腐败行为是指员工在履行职责或者行使职权过程中发生玩忽职守、滥用职权、徇私舞弊，损害公司利益的行为。

第二章　禁止行为

2.1　禁止员工职务侵占、挪用资金、侵占公司资产、盗窃等违法、违规行为。

2.2　禁止员工收受贿赂、索要贿赂、介绍贿赂等违法、违规行为。

2.3　禁止员工收受或索要回扣、返点、返佣、礼金、好处费、感谢费、红包、礼品、礼品卡、购物卡、有价证券、贵重物品等任何有价物。

2.4·禁止员工向合作伙伴报销应由其个人支付的各种费用。

2.5　未经批准，禁止员工接受合作伙伴付费的宴请、娱乐、旅游等活动。

2.6　禁止员工利用职务便利为自己或利益相关人谋取不正当利益，利益相关人包括但不限于员工的父母、配偶及其父母、兄弟姐妹及其配偶、配偶的兄弟姐妹、子女及其配偶和子女配偶的父母等。

2.7 禁止员工违反利益冲突原则，包括但不限于在竞争对手和合作伙伴任职等。

2.8 禁止其他形式的腐败行为。

第三章　腐败预防

3.1 员工应严格遵守国家法律法规、"××公司廉洁合规制度"及其他相关规定。

3.2 员工在签订劳动合同时应同时签署"廉洁承诺书"，确保完全知晓公司对反腐败的规定和要求。

3.3 与合作伙伴开展合作前，对接合作的公司员工应向合作伙伴传达××公司廉洁合规制度，在签署合同时应同时签署"反商业贿赂协议"。

3.4 员工在入职时需要经过廉洁合规培训，组织部门应保留培训记录。

3.5 员工每年应至少参加一次廉洁合规培训，组织部门应保留培训记录。

3.6 员工在收到合作伙伴馈赠的礼品、礼金或宴请邀请时，应按照"礼品、礼金、宴请管理制度"妥善处理。

3.7 员工在遇到利益冲突情况时，应按照"利益冲突管理制度"妥善处理。

3.8　员工发现腐败行为时，应按照"反腐举报制度"及时向廉洁合规部进行举报。

第四章　反腐败调查

4.1　为了建立廉洁合规管理体系，有效打击腐败行为，公司设立了廉洁合规部，该部门是××公司唯一被授权开展反腐败调查工作的专职部门。

4.2　廉洁合规部独立行使调查权，任何部门及个人不能干预及限制，不得拒绝或阻碍调查人员开展调查工作，不得对其打击报复。

4.3　廉洁合规部调查人员因调查需要可以约谈公司任何员工，员工在健康状况允许的前提下，不得以任何其他理由拒绝约谈。

4.4　被调查的部门和个人应主动配合廉洁合规部调查人员进行调查，并对部门和个人提供的材料和信息的真实性负责，需要签字确认的，被调查部门和个人需配合签字确认。

4.5　廉洁合规部有权获取因案件调查需要的各类信息及数据，对可能被转移、隐匿、篡改或毁弃的基础数据、原始凭证、账簿、报表以及与经济活动有关的资料，有权予以暂时封存。

4.6　合规监察中心设立腐败举报渠道，并对举报人个人信息和举报信息严格保密，举报人可通过如下方式进行举报。

电话举报：……

电子邮件举报：……

信函举报：……

第五章　腐败行为的处理

5.1　任何员工发生本制度第二章所示的禁止行为都将导致解除劳动合同，涉嫌违法犯罪的依法移交司法机关处理。

5.2　任何腐败行为获得的一切不正当利益必须上交公司，因特殊原因无法上交的，员工应给予公司等价值的现金补偿。

5.3　因调查需要，经被调查员工部门负责人及廉洁合规部总经理批准，可对××公司员工进行停职调查。

5.4　廉洁合规部在案件调查完成后出具调查报告，涉嫌违法犯罪的直接移交司法机关，未构成犯罪的根据情节轻重提出处理建议。除特殊情况外，当事人所在部门负责人与人力资源部门在收到处理建议后，应结合公司相关制度在五个工作日内处理完毕，并将结果反馈廉洁合规部。

5.5　对于主动向廉洁合规部坦白腐败行为的，公司结合实际情况可以从轻或免于处罚。

5.6　对于处理结果有异议的，可在10个工作日内向公司董事会/合规委员会提起申诉。

××公司廉洁合规部

××××年××月××日

知情人举报是获取案件线索的重要渠道，对于腐败案件的有效查处和廉洁合规制度的有效执行等都具有重要的影响。"反腐举报制度"一般包括制度说明、举报范围、举报方式、举报规范、举报人信息保护等内容，有的公司还会制定举报奖励制度。以下是"反腐举报制度"范文。

××公司反腐举报制度

第一章　总　　则

诚信是××公司的核心价值观，在商业生态关系上坚持公正、共赢的理念，对腐败坚持"零容忍"的态度。为了鼓励员工及合作伙伴参与××公司的廉洁合规体系建设，积极举报职务侵占、行贿受贿等腐败行为，特制定本举报制度。

第二章　举报人

本制度所称的举报人是指所有举报××公司及分子公司员工腐败行为的单位或个人，包括××公司及分子公司的员工、合作伙伴（包括但不限于客户、供应商、代理商、经销商、服务商、第三方中介机构）及其员工等。

第三章　举报范围

3.1　员工职务侵占、挪用资金、侵占公司资产、盗窃等违法、违规行为；

3.2　员工收受贿赂、索要贿赂、介绍贿赂等违法、违规行为；

3.3 员工收受或索要回扣、返点、返佣、礼金、好处费、感谢费、红包、礼品、礼品卡、购物卡、有价证券、贵重物品等"任何有价物"；

3.4 员工向合作伙伴报销应由其个人支付的各种费用；

3.5 员工利用职务便利为自己或利益相关人谋取不正当利益，利益相关人包括但不限于员工的父母、配偶及其父母、兄弟姐妹及其配偶、配偶的兄弟姐妹、子女及其配偶和子女配偶的父母等；

3.6 违反利益冲突原则，包括但不限于在竞争对手和合作伙伴任职等；

3.7 其他形式的腐败行为。

第四章　举报方式

4.1 电话举报：……

4.2 电子邮件举报：……

4.3 信函举报：……

第五章　举报要求

5.1 鼓励举报人实名举报，不愿实名的可以采取匿名或化名的方式；

5.2 举报人须如实提供被举报人的身份信息（包括姓名、公司名称、部门名称、所在城市等）和违法违规事实，如有证据材料需要一并提供；

5.3　禁止恶意举报和诬告陷害，如有此类情形，举报人将承担相关责任。

第六章　信息保护

6.1　廉洁合规部是××公司唯一被授权对涉及腐败和重大违规行为进行调查处置的专职部门，直接向公司董事会汇报，任何其他部门无权干涉；

6.2　公司将举报人的信息保密工作放在首位，建立了信息保护机制，专人专线接收举报信息，对举报人和举报信息严格保密。

第七章　举报奖励

7.1　举报奖励的对象仅限于实名举报人，以便于腐败等违法违规行为的快速查处和奖励的准确发放；

7.2　对于个人举报，提供腐败线索、有效证据，且经调查属实的，给予举报人现金奖励××元起，经调查被定性为刑事案件的，给予举报人现金奖励××元起，最高不超过××元；

7.3　对于合作伙伴举报，如果腐败问题涉及合作伙伴自身，全面说明客观情况的，××公司将保持与其的合作关系，并免于处罚；

7.4　两人及以上联名举报同一被举报人的，奖金由举报人协商分配。

××公司廉洁合规部

××××年××月××日

利益冲突是指员工履职过程中所代表的公司利益与其自身的个人利益之间存在冲突，例如员工未经申报自己设立公司成为供应商，同时利用职权便利虚高价格或以次充好侵犯公司的利益。制定"利益冲突申报与管理制度"的目的就是要规范这类行为，其内容包括制度背景和目的、适用范围、利益冲突的界定和常见情形、利益冲突风险防范及申报方式等内容。以下是"利益冲突申报与管理制度"范文。

××公司利益冲突申报与管理制度

第一章 总 则

××公司在商业生态关系上坚持公正、共赢的理念。由于任何与本公司员工有私人关系或个人利益的情况出现，会影响到员工在工作中作出独立和客观的判断，为了维护公司和员工双方的利益，避免利益冲突，特制定本制度。

第二章 适用范围

本制度适用于××公司及分子公司全体员工。

第三章 利益冲突定义

利益冲突是指员工履职过程中所代表的公司利益与其自身的个人利益之间存在冲突，为满足个人利益损害公司利益的情形。

第四章　利益冲突常见情形

4.1　员工拥有其他公司的权益

4.1.1　持有和××公司存在竞争关系的公司的任何权益（通过证券市场取得权益，且仅持有低于该公司发行在外5%的权益的投资除外）。

4.1.2　持有和××公司有业务往来的公司（如公司的供应商、客户或代理商）的任何权益（通过证券市场取得权益，且仅持有低于该公司发行在外5%的权益的投资除外）。

4.2　员工或其关联人与公司存在关联交易

4.2.1　向与公司有业务往来的个人或机构提供贷款、为其担保贷款、从其获得贷款或在其协助下获得贷款（但与金融机构的正常借贷除外）。

4.2.2　与公司形成任何形式的业务往来，或促成任何关联人与公司形成任何形式的业务往来。包括但不限于购买或销售商品、其他资产、提供或接受劳务、代理、租赁资产或设备、提供资金（含实物形式）、共同研究与开发项目、签署许可协议、赠与或达成任何非货币交易，促使员工或其关联人成为公司的客户、代理商、经销商、供应商或达成其他任何交易关系。

4.3　员工与公司竞争方之间存在聘任关系或活动

4.3.1　同时受聘于公司的竞争方，或与公司的竞争方发生任何方式的关联（包括以咨询、顾问或其他类似身份从事的活动），以及从事其他可合理预期能增进竞争方利益而损害公司利益的活动，包括但不限于成为该竞争方的供应商、客户或代理商。

4.3.2 在受聘于公司期间，员工销售任何对公司现有或潜在商业活动构成竞争的产品，或提供任何对公司现有或潜在商业活动构成竞争的服务。

第五章 利益冲突管理

5.1 各分子公司负责人应完全充分理解本制度，督促其所负责的分子公司员工按照"利益冲突申报表"（见附件1）向廉洁合规部进行逐一申报。

5.2 廉洁合规部会对公司员工的"利益冲突申报表"进行备案，对于其中可能损害公司利益的情形，报董事会审批。

5.3 对于核定的可能存在利益冲突的在外任职人员，需要其立即采取应对措施，消除潜在利益冲突的影响。

第六章 利益冲突防范

员工与公司之间存在利益冲突时，均应以符合公司利益的方式处理。对于员工防范利益冲突的具体安排包括且不限于：

6.1 不得在与公司有业务往来或有竞争的公司或经济实体中投资或入股。

6.2　员工及其关联方应尽量避免发生关联交易，发生关联交易的，应当主动向公司说明，涉及的关联方及关联交易均按照相关规定执行。

6.3　员工不得在与公司有业务往来或有竞争的公司或经济实体中担任董监高或咨询顾问职务，以避免在其行使职务时产生职责冲突，且不得从事与公司有竞争的活动。

6.4　员工不得利用公司资源、信息或地位以获取私人利益或相应的机会，也不得与公司相互竞争。

××公司廉洁合规部

××××年××月××日

附件1：利益冲突申报表

××公司利益冲突申报表

本人知悉，如本人或关联人拥有与××公司及分子公司有业务往来或竞争业务的任何公司的直接或间接利益，须向公司申报。

本人现申报在履行公司赋予的职务时存在可能引起利益冲突的情况。

1. 本人或关联人在与公司有竞争业务的公司拥有利益，该公司为：

2. 本人或关联人在与公司有业务往来的公司拥有利益，

该公司为：

 3. 拥有利益关系的具体说明：

 4. 其他存在可能引起利益冲突的情况：

申报人（签字）：

职务：

申报日期：××××年××月××日

  受历史文化和营商环境影响，在重要节日请客吃饭、送礼、发红包等已经成为商业合作中的行为习惯，但这些行为仍然没有脱离廉洁合规制度规范的范畴，因为这些行为的目的归根结底在于通过对关键人物的影响来获取订单或维持商业合作，而员工如果接受这些物质上的馈赠，就会影响其在履职中的客观判断，进而可能损害公司的利益。"礼品、礼金、宴请管理制度"就是对这些行为进行约束，在相关情境下给出行为指导，以符合合规的要求。这类制度一般包括背景、目的、行为的界定和合规性指导等内容。以下是"礼品、礼金、宴请管理制度"范文。

××公司礼品、礼金、宴请管理制度

第一章　总　则

  1.1　为规范××公司及分子公司与合作伙伴间礼品、礼金、宴请的管理工作，营造廉洁诚信的合作关系，树立良好的公司形象，特制定本制度。

1.2　礼品指合作伙伴向员工馈赠的包括但不限于节日礼盒、购物卡、提货券、烟酒、珠宝、手表、电子产品等实物。

1.3　礼金指合作伙伴向员工馈赠的包括但不限于现金、支票、红包、电子转账、银行卡等形式的资金。

1.4　本制度适用于××公司及分子公司全体员工。

第二章　礼品管理

2.1　员工收到礼品应拒绝或退回，并向廉洁合规部报备。

2.2　员工收到礼品因特殊原因无法退回的，应按照礼品估算的现金价值履行上交和报备程序。

2.3　估算现金价值超过××元的，应在三个工作日内上交行政部并报备廉洁合规部，因在外地出差无法按时上交的，应在返回公司后三个工作日内上交。

2.4　估算现金价值低于××元（含）的，在本部门登记备案后可用于部门团建或员工奖励。

2.5　估算现金价值可按照物品标价或通过电商平台查询等方式进行确认。

2.6　上交的礼品由行政部建立清册统一管理，廉洁合规部进行监督检查。

第三章　礼金管理

3.1　员工收到礼金应拒绝或退回，并向廉洁合规部和财务部报备。

3.2　员工收到礼金因特殊原因无法退回的，不论金额大小，应履行上交和报备程序。非现金形式的在三个工作日内通过银行转账方式上交到××公司廉洁账户，并备注"礼金上交"，自行保存转账截图，并报备到廉洁合规部和财务部。现金形式的在三个工作日内履行报备程序并上交到财务部。

账户名：

开户行：

廉洁账号：

3.3　上交的礼金由财务部建立台账统一管理，廉洁合规部进行监督检查。

第四章　宴请管理

4.1　未经批准，禁止员工参加合作伙伴付费的宴请、娱乐、旅游等活动。

4.2　员工参加合作伙伴付费的宴请、娱乐、旅游等活动，需经本单位/本部门负责人审批，部门负责人参加的需经直属领导邮件审批，审批人及所在部门需保留审批记录。

第五章　报备与处理

5.1　报备方式：通过OA系统中"礼品礼金报备"流

程进行报备。

5.2　报备信息应包括：报备人姓名、报备人公司及部门名称、报备人手机号码、馈赠单位全称、馈赠人姓名、馈赠人手机号码、馈赠物名称、馈赠时间、礼品上交回执单电子图片或礼金上交转账截图。

5.3　如员工未按照礼品礼金上交与报备流程及时处理，或未经审批参加合作伙伴付费的活动，将视作收受合作伙伴好处，按照"××公司廉洁合规制度"进行处理。

××公司廉洁合规部

××××年××月××日

以上廉洁合规制度范文基本能够适用于各行业的民营企业，在参考的同时可以根据企业的实际情况进行调整。当然以上制度并不能完全满足所有廉洁合规要求，例如美国上市公司还涉及《反海外腐败法》的域外管辖问题，这里不再展开，所需要在制度中补充的无非是上市公司监管中廉洁合规的相关要求。

企业廉洁合规制度的出发点是保障公司行为和员工行为的合法合规，而制度的内容、制定过程和执行过程同样要合法合规，在开展廉洁合规制度建设工作的过程中，以下几点是我们必须要考虑的。

第一，制度内容合法。《中华人民共和国劳动法》规定："用人单位应当依法建立和完善规章制度，保障劳动者享有劳动权利和履行劳动义务。"劳动法对企业规章制度的制定明确了两项基本要求：一是企业的规章制度必须要依法建立，二是企业建立规章制度的目的是保障劳动者享有劳动权利和履行劳动义务。在法治社会环境下，企业规章制度必须要有法可依，有法可循，不得违反法律、法规及政策的规定。内容的合法性是规章制度有效的根本基础，只有依法制定的规章制度才具有法律效力。规章制度的内容不得违反《劳动法》《劳动合同法》《公司法》及其配套法规，也不能违反宪法、法律、行政法规、部门规章、地方性法规（含自治条例和单行条例）。国家机关出台的一些政策性规定，在制定规章制度时也应有所考虑，并随时加以调整的。企业制度的内容应该尽量全面、具体、明确。其内容条款必须体现权利与义务的对等性、员工利益与企业利益并重、奖励与惩罚结合、工作纪律面前人人平等的精神。

第二，制定制度的主体合法。我们在前文提到企业有多种多样的组织结构，也决定了多样的管理模式和管理风格，但都具备多个管理层级和多个部门。企业规章制度应由在企业管理结构中处于高层级的机构依法起草，起草机构必须有权代表企业并对企业的各层级、各部门和全体员工具有统一全面管理职责，可以是企业的最高行政管理机构，也可通过抽调各主要部门的负责人设立专门负责制定规章制度的委员会统一执行。

第三，制定程序合法。《劳动合同法》第 4 条规定："用人单位在制定、修改或者决定有关劳动报酬、工作时间、休息休假、劳动安全卫生、保险福利、职工培训、劳动纪律以及劳动定额管理等直接涉及劳动者切身利益的规章制度和重大事项时，应当经职工代表大会或者全体职工讨论，提出方案和意见，与工会或者职工代表平等协商确定。"这意味着企业制定内部规章制度必须严格履行法定必要程序。一般来讲，制定规章制度必须经过工会、股东大会、董事会等机构或其他相应的民主程序。坚持民主集中制，这既是对企业员工利益的尊重，也是对企业人力资源管理风险的有效规避。2001年《最高人民法院关于审理劳动争议案件适用法律若干问题的解释》第 19 条规定："用人单位根据《劳动合同法》第四条之规定，通过民主程序制定的规章制度，不违反国家法律、行政法规及政策规定，并已向劳动者公示的，可以作为人民法院审理劳动争议案件的依据。"

企业内部规章制度的适用对象是本企业的全体员工，适用范围是本企业的各个组成部分，内部规章制度应当也必须以一定形式公示告知全体员工。经公示的且内容合法的规章制度，全体员工和企业的各个组成部分都应当遵照执行。公示可以采取张贴、印发、OA 公告、邮件等方式，并通过入职培训、会议学习等方式不断加以强化。分公司或子公司也可以根据公司章程规定对有关规章制度统一适用或调整，但不能与公司的制度相冲突。

规章制度一经公布，就应在一定时期、一定范围内具有稳定性，不能随意修改。特别是在由同一个部门作为企业规章制度的主要起草者和执行者时，该部门就同时拥有"立法权"和"执法权"，当出现现有制度无法处理的问题时，这样的部门往往倾向于"因事立法""因需立法"、随意地扩大执法权等造成法无明文规定也为违"法"的情况。这种行为看似体现了规章制度的灵活性，实际上却损害了规章制度的严肃性，并侵蚀了制定程序的合法性，因此必须加以严格控制。

第四，制度执行客观公正。在制度执行中与员工切身利益最为密切的是奖惩相关的制度内容，奖惩的目的在于向员工传递企业价值取向，引导企业员工的工作行为，这就要求制度的执行必须客观公正，而不能因为制度的授权产生"特权部门"，要特别避免诸如"未尽事宜由某部门研究决定"等兜底条款，减少执行过程中人的因素干扰，这也正是企业制定规章制度的意义所在。在制度执行机构的选择、职权的监督、奖惩流程的规范等方面必须充分考虑，还要重视违纪员工对处罚决定的解释权和申诉权。

第三节　廉洁合规培训

作为上承战略、下接绩效的重要工具，企业培训既服务于企业战略发展，也服务于员工职业发展。要实现这一价值主张，企业培训体系就要基于公司的战略目标和员工需求来澄清培训的需求，进而通过确定培训目标、制定年度培训计划和按照计划实施培训等环节来落地培训工作。那如何衡量培训是否真正促进了战略目标的实现和员工需求的满足呢？一方面是通过培训效果的评估来衡量员工培训的效果，另一方面是通过培训后的实际应用来衡量是否解决了培训需求中提到的问题。

作为廉洁合规文化落地的重要方式，廉洁合规培训需要解决的是廉洁文化认同的问题，进而影响员工的价值判断和行为选择。在开展廉洁合规培训工作时，我们要结合公司现有的培训体系重点考虑发出者、内容、渠道、接收者和评估五个方面的要素（图3-1），也就是需要解决谁来培训、培训什么、怎么培训、给谁培训、效果如何五个方面的问题。

一、发出者要素

廉洁合规培训职能是放在廉洁合规部还是培训部要站在公司的组织结构视角结合实际情况来考量。培训部门的优势

125

图 3-1　廉洁合规培训五要素模型

在于培训技术的专业性,廉洁合规部门的优势在于培训内容的专业性,如果能够两相结合一定是更好的选择。但是实际情况往往是培训师不懂合规,合规师不懂培训,解决这一问题的方式说来也很简单,如果是培训师来做廉洁合规培训,那就通过学习补足合规专业知识的欠缺,如果是合规师来做廉洁合规培训,那就通过学习和训练补足培训技术上的欠缺。鉴于本书的读者大都是企业管理人员和合规从业者,我们向大家提供廉洁合规培训师在授课中需要重点学习和训练的五个关键点。

关键点一:从容心态。

第一次站上讲台或多或少都会有紧张情绪,这种情绪来自诸多方面,例如"觉得自己资历不够""学员中有职级更高的领导""害怕学员提问""担心自己不能有效呈现课程内容""担心把控不好时间"等等,这些心理压力带来的紧张情绪甚至在站上讲台的前几天就会出现。缓解心理压力的方法说来也简单，那就是充分的准备和充足的训练：充分的准备意味着写讲课逐字稿、进行流程预演、设计好肢体动作等等，充足的训练意味着严格按照逐字稿、设计的流程和肢体动作一遍一遍地完整模拟。当你发现即使仍然紧张但不影响讲课效果的时候，就可以自信地站上讲台了。

关键点二：专业形象。

培训师对学员的影响不仅来自专业的内容和授课技巧，还有外在形象的直接影响。我们设想一个场景：学员坐到自己的位置上准备学习廉洁合规课程，然后看到一位上身穿着背心、下身穿着短裤、脚上穿着人字拖、脖子上戴着大金链、胡子也没刮的男士站上讲台，双手插兜跟大家说，现在给大家讲课。以这样的形象站上讲台是难以被学员信任的。利落的商务着装和干净的仪容仪表对于职业培训师来说是基本的形象要求，对于企业内部培训师来说，可以选择符合企业文化的着装，但一定要干净整洁。另外，端正的站姿、克制的走姿、自然的手势、偶尔的眼神交流、清晰的吐字等等，都是培训师影响力的加分项。

关键点三：设计开场。

站上讲台就开始讲课程内容并不是最好的选择，人们接受新事物往往是从感性认知开始的，一个好的开场可以极大提高一场培训的效果。好的开场能够吸引学员的注意力、引起学员的兴趣，例如通过一个有亮点的反腐故事开场，通过一个问题的提出开场，通过一个互动小游戏开场等等，都是不错的选择。

关键点四：把控过程。

把控过程指的是课堂管理，有效的课堂管理能够激发学员投入足够的精力和热情参与课程学习。首先，要管理好学员的期望。在课程正式讲授前说明课程的目标、学员的收益、课程的主要内容等是管理学员期望较好的方式。其次，要管理好学员的注意力。学习者的注意力会随着时间的推移逐渐减弱，在课程的讲授过程中适当地提问和互动能够帮助学员集中注意力。最后，要管理好学员的情绪，培训师趾高气扬地否定学员是非常错误的方式，不仅打击这个学员的情绪，而且会影响整堂课的氛围。把自己放在与学员对等的位置，关心学员的情绪、鼓励学员参与会是更恰当的选择。

关键点五：回顾提升。

在一场培训结束后回顾课程目标的实现情况是非常有必要的，如果不能获得课程效果的客观评价，也将难以有针对性的提升培训质量。课堂中的案例分析和课后的随堂考试都是检验学员知识掌握情况的方法，而课后对学员的调研有助于找出培训过程中的不足，帮助我们有针对性地提升培训水平。

二、内容要素

不论是廉洁合规培训，还是其他方面的培训，课程是最为核心的。当廉洁合规课程与学员见面的时候，它会以课件（PPT）的形式呈现在学员面前，课程内容也将通过文字、图片、声音、视频的形式集成在课件上。在内容要素上，对于廉洁合规培训来说，其中的关键动作在于课程开发，课程开发人员可以是培训专家，也可以是合规专家，两方各有优势。鉴于本书的读者大都是企业管理人员和合规从业者，我们向大家提供课程设计与开发的基本流程。[①]

第一步：课题分析。

课题分析的目的在于确定课程内容的范围、重点和方向，具体围绕五个问题展开：这个课讲给谁听（对象分析）、为了解决什么问题（问题分析）、为什么要解决这个问题（影响分析）、如何解决这个问题（方案分析）、通过什么检验问题是否已解决（效果分析）。廉洁合规培训课程分别讲给新员工、管理人员、合作伙伴员工的时候，需要解决的问题是不同的，所以课程内容一定会有差异。我们以新员工的廉洁合规培训为例，给新员工进行廉洁合规培训是为了解决廉洁诚信价值

---

① 叶敬秋，兰子君.国际注册培训师培训技术一本通.北京：清华大学出版社，2019：13-59.

观认同度低、遇到关键场景作出错误选择的问题，解决这个问题是为了让员工不想腐，从而有效降低腐败发生的概率，在培训视角解决这个问题的方案可以是制度的讲解、案例的分析和相关流程的演示，通过具体情境的行为选择、知识的测试来检验培训的效果。我们不难发现，通过课题分析，学习对象、培训目标、课程背景、内容大纲、教学形式等也都有了雏形。

第二步：目标设定。

课题分析完成后，我们要聚焦到一个问题：学员学习这个课程能学到什么。课程目标体现了课程的核心价值，课程的结构搭建和内容组织也将紧紧围绕课程目标的实现。课程目标一般分为知识性目标、技能性目标和情感（态度）性目标，知识包括事实性知识和概念性知识，技能指程序性知识，情感（态度）指反省认知知识。以新员工廉洁合规培训为例，课程的目标可以是：理解公司的廉洁合规制度（知识性目标）、能够依据制度要求处理礼品、礼金、宴请等问题（技能性目标）、认同廉洁诚信价值观（情感性目标）。

第三步：结构搭建。

课程结构是课件全部内容的框架，同时也是培训师的表达结构，清晰的课程结构能够通过课程大纲的呈现让学员轻松地理解这堂课要讲什么内容。在搭建课程结构的过程中，我们可以先给课程起一个紧扣主题的课程标题，然后思考课程的层次和逻辑。层次是指上一层是下一层的总结、下一层是上一层的展开，下一层不宜出现不属于上一层的内容。逻辑是指的课程模块前后的逻辑关系和逻辑顺序，一般有要素型结构、流程型结构、Why/What/How型结构三种，要素型结构是把内容分成并列的几个模块，各个模块之间没有先后和包含关系，例如对一线工人的"廉洁合规五项要求"课程结构为要求一、要求二、要求三、要求四、要求五；流程型结构是把内容按照事物发生的先后顺序连接起来，常见的是操作顺序和时间顺序，例如对部门管理人员的"三步实现腐败风险管理"课程结构为第一步、第二步、第三步；"W—W—H"型结构也叫演绎型结构，按照解决问题式的推理过程进行内容排序，也是最为通用的一种课程结构，例如对新员工的"廉洁合规文化"课程结构可以是廉洁合规的重要性、廉洁合规制度要求、廉洁合规关键行动指引。

第四步：内容组织。

清晰的课程结构非常便于我们寻找课程内容，书籍、网络、公司文件、公司制度、公司系统等都是我们获取内容的有效途径，其中的关键是内容要服务于课程结构，不能使用超出课程主题和课程结构的无关内容。内容确定后还可以收集培训素材为课程内容服务，让内容更加生动，素材的形式多种多样，数据、案例、图片、视频等都是课程中可以使用的素材。例如对新员工的"廉洁合规文化"课程，Why部分可以从法律角度援引法条和司法解释，从公司角度讲腐败对公司的影响，从个人角度讲腐败对个人的影响；What部分可以讲公司廉洁文化和反腐败态度、公司的廉洁合规体系、廉洁合规制度要点；How部分可以讲处理礼品、礼金、宴请的流程，如何进行利益冲突申报，如何进行举报等。素材可以是反腐的新闻、企业内部反腐的案件、反腐题材的影视作品等等。

第五步：教学过程设计。

教学过程设计包括开场、结尾的设计和教学方法的匹配。开场一般包括讲师的自我介绍、课程主题的介绍、课程目标和课程内容的介绍等内容；结尾一般包括课程要点的回顾、互动提问、随堂考试等形式。恰当的教学方法是实现教学效果的前提条件，可以用于实践的教学方法极为丰富，典型的有讲授法、提问法、案例法、视听法、小组讨论、现场参观等。

讲授法将抽象知识变得具体形象、浅显易懂，特别适用于制度类内容，也是使用中占比最高的教学方法。提问法是通过与学员进行问答互动，激发学员的思考，例如培训开场可以做个提问形式的"破冰"互动，问一下大家怎么理解腐败、有没有在工作、生活或新闻中听到过腐败案件，进而拉近讲师与学员的心理距离。案例法是把实际工作场景中的问题转化为案例，进而引发分析、判断、解决问题，例如通过编写案例，让学员思考，分析案例中的人哪些行为不符合制度要求，应该怎么做，不这么做会有什么后果。视听法是利用电影、录像、录音等媒体，通过视觉、听觉产生直接的感受，例如培训中放一段抓捕腐败人员的视频以直观感受腐败的后果。小组讨论是给出主题背景，要求学员进行小组讨论并得出结果，这种形式适合 50 人以内分组的培训形式，上百人参与的培训并不适合。现场参观是通过置身实际场景产生接近真实的感受，引发学员思考，比如有条件可以安排学员到廉洁警示教育基地或看守所、监狱进行参观，参观结束后紧接着进行课程的讲授。

第六步：开发课件与试讲优化。

到最后一步，我们才开始课件的制作，而前边的工作做得充分的话，课件的制作效率会非常高。当然，与课件配套的讲师手册、学员手册及其他辅助教学的工具包需要一并开发，这不仅有利于课程的管理，而且便于新的培训师快速上手开展培训工作。而课程开发完成后，效果好与不好的评价标准是学员的反馈。我们可以邀请各部门的学员代表进行课程的试听，试听结束后学员提出自己的感受和客观的建议，根据学员的建议进行课程的调整和优化。

三、渠道要素

培训中的渠道要素是指培训课程通过什么方式和路径来实施。在前文提到，从成本投入和预期收益的角度看，我们并不推荐脱离企业现有的培训体系来单独构建一套廉洁合规培训体系的做法，对于大多数公司来说，如何基于公司现有的培训体系实现廉洁合规培训目标是相对合适的选择。企业培训体系在落地执行的过程中，往往以一个个的培训项目来实现，例如新员工入职培训项目、企业文化培训项目、中层管理人员培训项目、高层管理者培训项目、各类专业技能培训项目和专业知识培训项目等，形式上又有现场培训、线上视频培训、老带新培训等，廉洁合规培训可以作为这些培训项目中的一门课程与学员见面，现场的培训由廉洁合规培训师讲授，线上的视频课程由廉洁合规培训师录制教学视频放到线上学习平台。

四、接收者要素

接收者也就是我们的培训对象，例如公司管理者、关键岗位员工、新员工、合作伙伴员工等，对于不同的对象，培训内容也会有差异。例如对管理者的培训，除了需要进行文化方面的培训，还需要进行腐败风险识别和腐败预防方面的培训，而对基础岗位的员工来说这些内容并不必要。

五、评估要素

评估就是要对廉洁合规培训工作的效果做判断，以此为依据对培训工作进行修正和改进，并不断形成循环。前述四个要素均要做评估，评估发出者能否胜任廉洁合规培训工作、评估培训内容是否易于理解和认同，评估培训渠道选择的成本和收益，评估接收者是否产生了文化认同和行为改变。

第四节　廉洁合规宣传

2017 年，一部具有现实意义的反腐剧《人民的名义》引发了大众对于反腐的空前关注，社会上形成了关于反腐的正面讨论，在党的十八大召开后反腐工作大规模、深度展开之时起到了积极的宣传作用。作为廉洁合规文化落地的重要保障，企业内部的廉洁合规宣传同样重要，正如荀子《劝学》中"蓬生麻中，不扶而直"这句话给我们的启示，优良的廉洁文化环境对于廉洁合规工作的开展能够起到意想不到的推动作用。

企业内部宣传的背后有成熟的传播学理论研究成果，传播学角度的传播过程包括传者、媒介、受者、传播内容和传播效果五个方面，本书所提的"阳光生态"廉洁合规模型中的廉洁合规宣传培训五要素模型也借鉴了传播学的这一传播过程理论。与廉洁合规培训一致，廉洁合规宣传要解决的同样是廉洁文化的认同问题，进而影响员工的价值判断和行为选择，而宣传与培训相比更具优势的地方在于宣传的方式更加灵活多样，员工的接受程度也更高，微信公众号、短视频、手机互动小游戏、现场互动活动等形式的廉洁合规宣传也越来越多地出现在大众的视野。下面我们仍然从发出者、内容、渠道、接收者和评估五个方面来介绍如何开展廉洁合规宣传工作，解决谁来宣传、宣传什么、怎么宣传、给谁宣传、效果如何五个方面的问题。

一、发出者要素

同廉洁合规培训一样，廉洁合规宣传职能是放在廉洁合规部还是宣传部（有的公司会将内部宣传职能放在行政部或文化部等部门）要站在公司的组织结构视角结合实际情况来考量，宣传部门的优势在于宣传工作的专业性，廉洁合规部门的优势在于宣传内容的专业性。对于廉洁合规宣传工作来说，如果能在设计廉洁合规宣传方案和组织廉洁合规宣传活动等工作上获取宣传部门的支持，会起到事半功倍的效果。

二、内容要素

廉洁合规宣传的内容与培训最大的差异在于单个宣传项

目的内容往往更加聚焦也更加直接，培训课程需要结构的支撑，而宣传则更需要情感的支撑，以求在短时间内实现受众的共鸣。比如一张海报的内容可能是"五条廉洁红线"，其目的是提醒员工不要违反廉洁制度，其背后的情感支撑是"严肃"；比如一则宣传短文的内容可能是近期"奖励了某位举报人现金 5 万"，其目的是吸引更多知情人进行举报，其背后的情感支撑是"鼓励"；比如一封群发公司员工的邮件内容是一起"贪腐案件公告"，其目的是告诫全体员工保持廉洁，其背后的情感支撑是"警醒"；比如一部短片的内容可能是一位误入歧途的员工因贪腐被判有期徒刑，家中的妻儿失去了依靠，其目的是传达腐败的严重结果，其背后的情感支撑是"惋惜"和"悔恨"。简而言之，每一个宣传项目的宣传目的要具有唯一性，所有的内容设计和形式选择都为这唯一的目的服务，而要通过宣传达到这一目的，必须引起受众的情感共鸣，产生对廉洁合规的价值认同。

三、渠道要素

廉洁合规宣传中的渠道要素是指的宣传内容通过什么媒介触达受众。不论是什么信息和内容，都需要通过文字、声音、图片和视频四种方式中的一种或多种从传者到达受着，每种形式也都有它自己的优势。文字表达的内容最为精准和深入，传播覆盖面最广，但快速引起情感共鸣的难度较大，所以系统的学习仍然以文字形式的书籍为主，而在大众娱乐场景中视频反而逐渐成为主流；文字的接收需要视觉器官，而声音的接收需要听觉器官，听觉相较于视觉传播的优势在于只需调用极少的注意力便可获取信息，例如开车的时候不影响听广播，但却不适合调用视觉器官看文字、图片和视频，其劣势在于传播性欠佳；如果想要在 10 秒钟内向受众有效传达一个信息，图片无疑是最好的选择，一张图片能够在有限的时间里最快地传达的信息，这也是职场中海报形式的宣传经久不衰的原因之一，图片的这种优势我们从一张"吸烟者的肺"图片就能直观感受到，其缺点也很明显，那就是不能承载太多的信息；视频是所有传播形式中调用感官最多的，需要受众同时调用视觉和听觉两种感官，其优势在于容易把受众带入情境，产生情感共鸣，其劣势在于长时间的精力集中容易使受众产生疲劳感，而短视频很好地解决了这一问题。不论是传统的海报、广播、宣传片、宣传册，还是近些年兴起的内部论坛、微信公众号、短视频平台等媒介，其内容始终没有脱离文字、图片、视频和声音这四种传播形式。

渠道一：海报。

海报在如今的职场场景中，已经不仅在办公区的墙面上看到，还以电子图片的方式出现于电子设备，当员工打开办公电脑，可以在统一部署的桌面壁纸中看到诚信的元素，当员工在手机上打开公司内部通讯软件，可以在软件打开的时候弹出廉洁主题的电子海报,这些嵌入工作琐碎的场景都在每时每刻的提醒大家,廉洁是所有工作场景的底线。一张海报出现在员工的眼前,需要经历提出需求、海报设计、审核定稿、分发张贴等环节,在提需求的阶段需要向设计师明确表达海报的主题和想要传递的信息,设计师设计完海报后可能还需要双方进一步的沟通调整,完工的海报经过必要的审核流程后,交由相关部门通过墙面张贴、系统推送等方式与员工见面。

渠道二:广播。

或许很多人会觉得工作环境中的广播只能在以上个世纪为背景的影视作品中看到,其实不然,对于有大量一线工人的企业来说,广播可能是最有效的传播媒介,其原因主要有两个:一个是从事体力劳动的时候,广播最容易听进心里;另一个是当受众文化程度不高的时候,声音最容易被理解并形成共识。

渠道三:宣传片。

宣传片是很多企业都在采取的一种宣传形式,对外的宣传片展示的是企业的品牌、产品和社会形象;对内的宣传片展示的是公司的使命、愿景和价值观。一部宣传片的诞生需要经过策划、脚本、筹备、拍摄、剪辑、出片、审核、分发等环节,策划的核心是创意,也就是整部宣传片通过呈现什么内容达到什么目的,策划案确定好就要进入脚本的编写工作。脚本是宣传片的大纲，也决定了宣传片的演绎方向，更具体的脚本甚至可以写到剧本的程度，包括了时间、地点、角色、对白、动作和情绪等内容，脚本确认好就可以进入拍摄和剪辑的阶段，这个过程将脚本和剧本转化为了影像，对专业性的要求比较高，这也是很多公司选择交给专业公司来拍摄制作宣传片的主要原因。成片出来后经过必要的审核就会通过公司内部的电梯视频、食堂电视、前台电视、内部论坛、微信公众号、短视频平台等渠道被员工观看。

渠道四：宣传册/宣传单页。

宣传册和宣传单页是形式传统但又不可或缺的宣传媒介，尤其是制度、制度解读、普法信息、案例解读、正面事迹等依赖文字传播的内容，宣传册和宣传单页具备天然的优势，因为它不仅能承载大量的文字内容，而且还不需要另外的电子设备来呈现。公司前台、会议室、培训室、供应商接待室甚至卫生间都是放置宣传册和宣传单页的天然场所，员工和合作伙伴员工都能毫不费力地获取。

渠道五：微信公众号。

自2016年京东集团通过"廉洁京东"微信公众号实名公告贪腐人员开始，"滴滴清风""阳光腾讯""廉洁安踏"等企业廉洁宣传微信公众号开始如雨后春笋般大量出现，民营企业使用微信公众号进行廉洁合规宣传似乎也成为一种趋势。

微信公众号的优势在于集合了文字、声音、图片和视频四种形式，在内容呈现上有极高的灵活性，而朋友圈的分享又给了其极强的传播性。通过廉洁主题的微信公众号，可以讲解廉洁合规制度，可以表彰廉洁诚信事迹，可以公告贪腐人员，可以在节假日进行廉洁提醒，可以组织线上互动活动，甚至可以嵌入三方的功能模块进行游戏互动，但换个角度来看，微信公众号需要投入人力进行持续的运营，这对于合规师来说也是个不小的挑战。

渠道六：短视频。

短视频的兴起不仅丰富了大众的生活，也深刻改变着文化的生产、传播和消费方式，如何采用短视频的方式进行廉洁合规文化传播或许是继微信公众号之后的新方向。短视频的优势很明显，制作成本较低、对观众的吸引力强、对碎片时间的利用率高等都是其优点，短视频面对的挑战也同样明显，如何在几秒钟内吸引到观众的注意力并在一两分钟内把内容说明白并不是一件容易的事情，这需要大量的尝试和不断地调整。短视频在廉洁合规宣传场景中的应用不仅限于短视频平台，同样适用于企业内部宣传的渠道，适用于企业内部宣传片的电梯视频、食堂电视、前台电视、内部论坛和微信公众号等渠道同样适用于短视频。

渠道七：主题活动。

活动，尤其是现场活动，带给人的参与感是任何其他传播形式难以达到的，但是现场活动需要的成本也超过了其他传播形式。现场活动的形式丰富多样，从诸多企业的实践来看，有猜廉洁灯谜送周边礼品活动、上交礼品的公益拍卖活动、廉洁主题文化衫设计展览活动、参观廉洁警示教育基地活动等形式，通过活动设计与员工互动的同时，将廉洁诚信的价值观进行有效传递。举办一场主题活动需要经过策划方案、筹备、实施、复盘四个环节，策划方案中包括了活动主题、活动时间、活动地点、活动内容、活动预算等方面，策划方案确定后就需要联合相关部门进行筹备，包括场地的协调、宣传材料的制作、现场物料的准备、人手的安排等，实施过程包括了活动的预热宣传、场地的搭建、现场的实施、实施后的物料回收等工作。复盘就是对整个活动的优点和不足进行反思，以提升下次活动的质量。

渠道八：主题展厅。

2022年11月，浙江省湖州市德清县建成全省首个"清廉民企"法治教育基地，通过"声、光、图"科技互动形式，全面打造沉浸式法治教育体验空间，通过照片、视频、仿真事件演绎等各种展览手段，展现廉洁典型事迹、职务犯罪案例，使参观人员在主动参与和沉浸式体验中接受廉洁教育。这种通过主题展厅进行廉洁宣传的形式同样可以在企业中加以应用。

四、接收者要素

接收者是我们的宣传对象和受众，廉洁合规宣传的受众不仅是公司的员工，也包括合作伙伴的员工，对于不同的受众，宣传的内容和渠道也会有差异，对于合作伙伴的员工，能接触到的渠道包括招投标网站、商务洽谈室、合作商大会等，如何在这些场景中通过宣传的方式引起他们对于廉洁合规的重视，就是廉洁合规部门需要思考的核心问题。

五、评估要素

评估就是要对廉洁合规宣传工作的效果做判断，以此为依据对宣传工作进行修正和改进，并不断形成循环。前述四个要素均要做评估，评估发出者能否胜任廉洁合规宣传工作、评估宣传内容是否易于理解和认同、评估宣传渠道选择的成本和收益、评估接收者是否产生了文化认同和行为改变。

第四章　腐败风险评估与防控机制建设

　　作为企业管理人员和廉洁合规从业者，我们必须要正视一个客观现实：制度再严谨，文化再落地，在面对人性的贪婪时，总有束手无策的时刻。我们能做的，是梳理管理和流程中的风险点，识别腐败的手段，在此基础上部署防控措施，降低腐败发生的风险。

　　《COSO 企业风险管理整合框架（2017）》将风险管理的执行过程总结为识别风险、评估风险的严重性、排序风险、实施风险应对措施和开发风险管理组合共五个步骤。ISO 31000《风险管理指引（2018 版）》将风险管理的流程总结为沟通和咨询、范围/情境/准则、风险评估（包括风险识别、风险分析和风险评价）、风险处理、监督和审查，以及记录和汇报共六个步骤。总结对比两者，风险管理实务的核心就是风险评估和风险应对，聚焦到企业腐败这一风险场景，风险评估包括了腐败风险的识别、分析和评价，风险应对包括了对腐败风险的预防、控制和处理。

《COSO内部控制整合框架（2013）》提出内部控制包括控制环境、风险评估、控制活动、信息与沟通，以及内部监督共五个要素。我们不难发现，虽然风险管理与内部控制的侧重点不同，但风险管理中的风险评估和风险应对两个要素与内部控制中的风险评估和控制活动两个要素几乎可以等同，这也是两项工作的重要交集，这同时意味着我们可以采用风险管理和内部控制的理论和工具指导企业腐败风险评估和风险应对工作。

在开展腐败风险评估工作时，面临的第一个难点就是范围的选择。全面的腐败风险管理绝不是一蹴而就的，一般会选择一个重点部门或一项重点业务切入，再逐步覆盖全部的部门或全部业务，正如开展企业合规管理工作从专项合规到全面合规。例如优先从腐败高发的采购或销售流程切入，识别业务流程中的腐败风险，分析其腐败手法，评价其风险等级，形成腐败风险库。

腐败风险的应对包括了事前的预防、事中的控制和事后的处理，本章将重点放在预防和控制，至于事后的调查处理，放在第五章单独展开。防控在《COSO内部控制整合框架（2013）》中包括治理层面的控制、流程层面的控制和交易层面的控制，治理层的控制是所有控制的基础，影响了流程层控制和交易层控制的建立和运行，包括组织结构、制度和流程、绩效、信息与沟通等要素；流程层的控制包括开展业务所需要的资源输入、工具、方法及流程目标、流程文件等要素；交易层的控制包括授权和批准、验证、实物控制、长期数据的控制、对账、监控控制等要素。

思考：

1. 贵公司潜在的廉洁合规风险有哪些？

2. 贵公司部署了哪些廉洁合规风险防控措施？是否达到了预期的效果？

3. 如何绘制企业腐败风险地图？

4. 如何根据业务场景和风险场景部署风险防控策略？

识别腐败风险总体来说有两种方式：一种是腐败事件发生后通过复盘分析其中的风险所在，另一种是通过调研分析潜在的腐败风险。第一种是被动型，第二种是主动型。毫无疑问的是，不论公司是否已经发生了腐败事件，我们都必须采取第二种方式对目标部门或业务的潜在腐败风险进行排查，识别风险点和腐败手法，对其风险进行评级，并形成腐败风险库。这些工作是部署风险防控措施的基础。

下面我们以采购和销售两个腐败案件高发的场景为例，基于业务流程分析其中典型的风险及腐败手法。

第一节　识别采购腐败手法

一、企业采购

从定义上来看，企业采购是指企业为保证企业生产及经营活动正常开展，在一定的条件下从供应市场获取产品或服务作为企业所需资源的系列行为及活动。在企业经营中常见的采购类型有生产型采购、贸易型采购、工程类采购、行政类采购等。生产型采购是指最终产品的直接组成部分的物品采购，或直接介入生产过程的产品采购，比如原材料、零部件和生产设备。贸易型采购常见于贸易型企业，不是以生产为主，而是以渠道为主，以客户需求来进行采购的过程，比如便利店采购某品牌的饼干不经加工直接销售。工程类采购是为工程项目、建筑项目、建设项目等，采集、采购项目需要的建筑材料、工程设施、建筑工程所需设备。行政类采购是所有类型的公司都会涉及的，包括采购办公用品、办公家具、办公设备等，主要是为了保障正常行政办公所用。

二、采购流程

从采购方式上看，有询价、公开招标、邀请招标、竞争性谈判、单一来源、竞争性磋商等采购方式。从企业采购实务来看，询价、公开招标和邀请招标是应用范围最广的采购方式。询价采购是指采购人向有关供应商发出询价单让其报价，在报价基础上进行比较并确定最优供应商的一种采购方式。公开招标采购是指招标人公开刊登通告，吸引所有有兴趣的供应人参加投标，并按程序选定中标人的一种采购方式。邀请招标采购是指按照事先规定的条件选定合格供应商或承包商，接到邀请者方才有资格参与投标。

询价采购流程包括接收采购需求、确定询价人或成立询价小组、确定询价供应商名单（一般不少于三家）、询价、确定成交供应商、签订合同、支付预付款、合同履约、货物或服务验收、支付尾款。

公开招标采购包括接收采购需求、成立招标小组、编制招标文件、发布招标公告、开标、资格审查、评标（评标委员会一般由招标小组代表、采购标的相关领域专家组成）、确定中标供应商、发出中标通知书并公示、签订合同、支付预付款、合同履约、货物或服务验收、支付尾款。

邀请招标流程包括接收采购需求、成立招标小组、编制符合条件的供应商名单、邀请供应商投标（一般不少于三家）、发出投标邀请书和招标文件、评标（评标委员会一般由招标小组代表、采购标的相关领域专家组成）、确定中标供应商、发出中标通知书并公示、签订合同、支付预付款、合同履约、货物或服务验收、支付尾款。

三、采购流程中的腐败手法^①

手法一：指定供应商。

需求部门或采购人员以紧急使用、专利技术、特殊工艺等为理由，指定供应商签订采购合同，指定的供应商可能存在利益输送风险。例如李记连锁便利店准备采购一批工作服，得知消息后千千服装厂老板为获取订单，向李记连锁便利店采购负责人行贿 10 万元，李记连锁便利店采购负责人以千千服装厂有快速排汗特殊工艺为理由指定千千服装厂为供应商并签订合同。

手法二：要求给返点或回扣。

在与供应商的接洽中，采购人员要求供应商"返点"才能签订采购合同。例如，李记连锁便利店准备采购一批工作服。采购负责人联系千千服装厂老板，如果返点 5% 就可以签订采购合同。为获取订单，千千服装厂老板同意"返点"要求，最终签订金额达 200 万元的采购单，采购人员获得 10 万元好处费。

手法三：另立收费名目。

供应商进入公司供应商清单前，采购人员以"服务费"的名义向供应商索取好处费，不给"服务费"则无法进入供

---

① 案例中"李记连锁便利店""千千服装厂"等均为虚构。

应商清单，或不符合标准的供应商给"服务费"后可以进入供应商清单。例如千千服装厂由于不符合供应商入选标准，未能进入李记连锁便利店的供应商清单。于是李记连锁便利店采购负责人主动联系千千服装厂老板，要求其给10万元"服务费"就解决准入问题。

手法四：化整为零或拆单。

为了规避招标采购的流程及监管，内定供应商，采购人员拆分合同、分开种类及时段进行采购。例如李记连锁便利店准备公开招标采购工作服，采购负责人为了让千千服装厂获取更多订单，采取拆单的方式分时段下订单，绕开招标流程。后千千服装厂老板给李记连锁便利店采购负责人好处费10万元。

手法五：拖延业务。

为了向供应商索取更多好处，采购人员采用拖延办理业务的手法以逼迫供应商行贿，常见的有拖延签订合同、拖延验收货物、拖延财务付款等。例如，千千服装厂与李记连锁便利店签订工作服采购合同，千千服装厂如期供货后迟迟收不到尾款，联系李记连锁便利店采购负责人，其又百般推脱。千千服装厂老板给李记连锁便利店采购负责人10万元好处费结清尾款。

手法六：围标、串标、陪标。

投标人之间相互约定，事前约定好谁中标、谁陪标、谁弃标，并在价格策略和投标策略上事前约定，并给予未中标的投标人费用补偿。围标公司一般是投标人法定代表人之间相互参股公司或属于同一集团成员的公司或利益同盟公司。例如千千服装厂与其参股的另外两家服装厂一同投标李记连锁便利店工作服采购项目，向采购负责人行贿 10 万元后三家服装厂一同入选，另外两家虚高价格以使千千服装厂最终中标。

手法七：引进关联供应商。

采购人员引进自己控股、持股、参股的供应商，或引进亲戚朋友开设的公司成为供应商，故意隐瞒其中的利益关系进行利益输送。例如李记连锁便利店的采购负责人利用职务便利引进其小舅子开设的千千服装厂成为工作服采购的供应商，在招投标环节大开绿灯，导致李记连锁便利店从千千服装厂高价采购了一批未达到工艺要求的工作服，产生的巨额利润由采购负责人和其小舅子分成。

采购流程中的腐败风险贯穿采购流程的始终，采购环节的腐败手法可谓是五花八门、千奇百怪，只要有一点职权，就会带来腐败的空间，采购流程中的腐败一般也呈现采购金额越高，行受贿金额越高、涉及人员越多、涉及职级越高的特点。

第二节　识别销售腐败手法

采购腐败对于企业来说百害而无一利，是民营企业所深恶痛绝的，但是销售场景的腐败却能在一定程度上促进销售业绩的达成，这也导致了少数民营企业对销售腐败的态度暧昧不清，但有一点是毋庸置疑的，任何形式的腐败都是违法违规的，对于企业来说都是需要防控的对象。

一、销售

从定义上来看，销售是指以出售、租赁或其他任何方式向第三方提供产品的行为，包括为促进该行为进行的有关辅助活动，例如广告、促销、展览、服务等活动。从客户类型角度看，销售一般分为 ToB 销售和 ToC 销售等类型，ToB 销售就是将产品或服务销售给企业客户，ToC 销售就是将产品或服务销售给个人消费者。ToB 销售的特点是销售金额大、决策链条长，专业性强；而 ToC 销售的特点是销售金额小、决策时间短、随意性大。

二、销售流程

由于客户类型的不同，ToB 销售和 ToC 销售的差异性较大，同样的产品在面对企业客户和个人消费者时，企业客户要审核公司的资质、考察工厂的生产环境、测试产品的质量、评估对比多方的报价等，最终决定是否达成交易；个人消费者往往更加关注产品的品牌影响力、外观设计、使用体验、优惠活动等，可能仅仅因为对品牌的认可就产生交易。两者的差异也导致了 ToB 销售和 ToC 销售的流程有所不同。

ToB 销售流程一般包括获客、沟通、谈判、签约、履约等，获客就是找到潜在客户并与之建立联系，沟通就是通过关键人物（例如采购人员）了解客户的需求，谈判就是通过提供解决方案和合理的价格来促成客户的购买意向，签约就是客户决定购买公司的产品和服务后签订合同，履约就是按照合同的要求提供产品或服务。当然，这里所讲的销售流程是简化的，真实场景的 ToB 销售流程远比这要复杂，而且不同类型的企业销售流程也有较大差异。

ToC 销售流程对于不同企业和不同产品来说差异更加巨大，例如卖一包饼干给消费者往往是被动的，消费者可以进入便利店购买，也可以通过网上商城购买，甚至可以通过外卖的方式购买，不论是哪种渠道，饼干公司不会跟消费者直接沟通来促成交易；而卖一份保险给消费者往往需要主动，保险销售员可以登门拜访销售、可以电话销售，甚至可以通过网络方式销售，但消费者往往不会像买一包饼干一样主动购买。总的来看，ToC 销售流程一般包括挖掘客户需求、介绍产品或服务、打消客户顾虑、最终成交等，只是在不同的企业和不同的产品在各个环节采取了不同的策略。例如顾客到商场的一家品牌服装店选购一件衬衣，导购会询问顾客想要什么样的衣服，再根据顾客的需求介绍符合条件的衬衣，顾客因为熨烫衬衣比较麻烦而犹豫时，导购给出购买免烫衬衣的建议，最终顾客付钱购买。

三、销售流程中的腐败手法

手法一：侵占货物私售获利。

以货物丢失、损坏处理等名义侵占公司货物，私自销售获取利益。例如李记连锁便利店店长将促销活动的大批量赠品私自截留并联系外部渠道进行低价销售，将获利的10万元占为己有。

手法二：虚报费用。

虚报因销售活动产生的差旅、招待、场地、设备租赁、物料等费用。例如千千服装厂销售员小朱假借出差洽谈业务的名义，虚报自己旅游产生的机票、住宿、餐饮等费用共计4万余元。

手法三：违规折扣。

在向客户销售公司产品时，向客户暗示给好处可以为其违规申请较低的折扣。例如飞马快递公司销售员在与千千服装厂老板的洽谈中，表示可以将正常10元/单的价格申请为6元/单（特价折扣），但是每单要给2元的回扣。最终该销售员半年获得回扣10万余元。

手法四：截留货款。

在签订销售合同的时候将签约公司替换为自己实控的公司，导致客户支付的款项进入销售员的实控公司账户。例如千千服装厂的销售员注册千千鸟服装厂，并向客户李记连锁便利店解释称该公司为千千服装厂的子公司。签约后李记连锁便利店向千千鸟服装厂账户支付购买工作服的款项 50 万元，销售员伪造内部订单进入生产环节，最终向客户交付。

手法五：虚假客流量。

与代理公司合谋制造虚假流量，骗取市场推广费用。例如李记连锁便利店开展计划线上销售业务，与市场推广代理商达成合作协议，合同金额为 50 万元，需要满足拉新 10 万注册客户的目标。代理商注册大量虚假账号进行注册，骗取市场推广费用 50 万元，销售部经理分得 25 万元。

手法六：幽灵员工。

虚报临时销售人员人头数，侵占工资。例如李记连锁便利店雇佣暑期临时工进行促销活动，销售经理虚报临时工人头数，冒用他人的身份信息和银行卡信息，将虚报的工资占为己有。

手法七：截留销售奖励。

销售管理人员隐瞒公司发放的销售奖金，未发放给销售人员而自己侵占。例如千千服装厂的销售团队超额完成了年度销售任务，销售部经理以超额完成销售任务的名义为销售团队申请奖金，最终奖金以现金形式发放到销售部，原应分配给销售部员工的奖金被销售部经理侵占。

不论是采购腐败还是销售腐败，腐败行为人无一不是利用了自己的职权便利和管理流程上的漏洞，其手法或许简单粗暴，或许精心算计，一旦完成腐败行为的实施，必然给公司造成难以估量的损失，之所以难以估量，是因为这类损失不仅仅是财产上的损失，还有因贪腐导致的产品或服务的低质量对品牌影响的无形损失。要解决这一问题，在梳理业务流程和识别腐败风险后，必须要部署有效的防控措施，也就是"阳光生态"廉洁合规模型中的管理改进要素。

第三节　形成腐败风险地图

腐败风险评估与防控机制建设的核心是形成腐败风险地图，腐败风险地图清晰地呈现了业务流程中的腐败风险和腐败手法，通过风险评价对各个风险进行评级从而确认应对的防控措施及优先级。

一、腐败风险地图

腐败风险地图是用来识别分析整个公司腐败风险的有效工具，它能够具体的展示潜在腐败手段及相关信息，它适用于公司的各个部门和各个业务场景，对于构建公司的腐败风险信息库及应对腐败具有重要的意义。我们可以将识别到的腐败风险以业务流程、部门或其他形式进行归类，并将腐败风险的类型、腐败手法、腐败风险岗位、腐败风险描述、现有的控制措施等信息在腐败风险地图中进行展示，参见前述表1-1腐败风险地图的示例。

二、腐败风险评估

对腐败风险的严重性进行评估评级，进而形成风险评级是形成腐败风险地图后续的工作，它为应对腐败风险的优先级提供了依据。腐败风险的严重性包括了发生腐败风险的可能性及发生腐败风险事件带来的影响两个方面。对可能性的表述有定性、定量和频率等方法，例如同样对采购员在供应商入库过程中收受供应商贿赂的可能性进行表述，定性的方法可以表述为"采购员在供应商入库过程中收受供应商贿赂的可能性是很大的"，定量的方法可以表述为"采购员在供应商入库过程中收受供应商贿赂的可能性是50％"，频率的方法可以表述为"采购员在供应商入库过程中收受供应商贿赂的可能性是每年20次"。对影响的描述可以是经济损失、声誉损失或其他描述，例如采购员在供应商入库过程中收受供应商贿赂会造成不合格供应商的引入，供应商提供不合格的原材料导致公司产品出现质量问题，最终的影响是产品积压导致直接和间接的经济损失、公司声誉受到严重损害，且面临停业整顿和行政罚款。

风险评估的方法可以是定性的、定量的或者是两者结合的。当对风险进行评估的过程中无法获取量化信息时，往往采取定性的评估方法，但是采取单一的定性方法意味着精准度会非常低，而定量的方法可以弥补这一不足。定性评估的方法有访谈、工作坊、对标和统计等，定量的方法有建模、决策树和蒙特卡罗模拟等，这里不再具体展开。

最终的风险评估结果我们可以采用风险热图（图 4-1）的形式展现，每个腐败风险的等级由可能性和影响两个维度共同决定，每个维度都区分四个或其他合适数量的严重性等级，并采用不同的颜色来区分，一般来说颜色越深风险等级越高。在腐败风险地图中也可以增加对应的风险等级维度信息，或者将风险评级工作纳入腐败风险地图中同步进行。

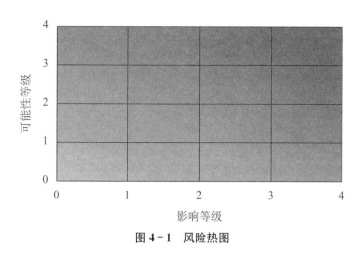

图 4-1 风险热图

三、腐败风险排序

任何对风险的防控措施都需要资源的投入，而资源的有限性决定了风险应对需要考虑优先级，放到腐败风险防控的场景中来说，就是依据腐败风险的排序来进行防控资源的配置。一般来说，风险等级越高，应对的优先级就越高，当风险等级相同又没有足够的资源同时应对时，我们就需要参考一套评判准则来对相同优先级的风险进行排序。

准则一：适应性。

适应性是指的企业对某一腐败风险事件的适应和应对能力，也就是当出现这一腐败风险事件时，对企业经营目标实现的影响程度。适应性越差，优先级越高。

准则二：复杂性。

复杂性是指某一腐败风险事件一旦发生，会进而引起其他一系列风险的可能性。复杂性越高，优先级越高。

准则三：速率。

速率是指某一腐败风险事件一旦发生，引起负面影响所用的时间长短。速率越快，优先级越高。

准则四：持续性。

持续性是指的某一腐败风险事件一旦发生，从产生负面影响到影响消失所持续的时间长度。持续性越长，优先级越高。

准则五：恢复能力。

恢复能力是指出现某一腐败事件后，消除其产生的负面影响或使其影响恢复到企业可接受的范围内的能力。恢复能力越差，优先级越高。

同样的腐败风险，对于不同的企业或企业的不同发展阶段，其优先级可能会有较大的差异，这往往是由于不同企业和企业不同发展阶段对同一腐败风险的风险偏好有所不同，风险偏好也可以理解为对风险的容忍度，也就是可以接受的腐败风险类型、数量或程度。最极端的腐败风险偏好有两种：一种是对所有的腐败都可以接受，另一种是对任何腐败都零容忍。但是随着廉洁合规工作的开展，企业的腐败风险偏好在大多数情况下都是在无限向零容忍接近。

第四节　制定腐败风险防控策略

为了指导企业开展全面风险管理工作，进一步提高企业管理水平，增强企业竞争力，促进企业稳步发展，2006 年 6 月 6 日，国务院国有资产监督管理委员会以通知的形式，印发了《中央企业全面风险管理指引》。此举不仅推动了中央企业进入全面风险管理的新时期，而且对民营企业的风险管理同样起到了示范和指导作用。

2008 年 5 月 22 日，财政部会同证监会、审计署、银监会、保监会印发了《企业内部控制基本规范》及配套指引，自 2009 年 7 月 1 日起在上市公司范围内施行，鼓励非上市的大中型企业执行；要求执行该规范的上市公司，对本公司内部控制的有效性进行自我评价，披露年度自我评价报告，并可聘请具有证券、期货业务资格的会计师事务所对内部控制的有效性进行审计。

为了指导小企业建立和有效实施内部控制，提高经营管理水平和风险防范能力，促进小企业健康可持续发展，根据《中华人民共和国会计法》《中华人民共和国公司法》等法律法规及《企业内部控制基本规范》，2017 年 6 月 29 日，财政部发布了《小企业内部控制规范（试行）》。

这些文件的发布为企业构建风险防控体系，部署风险防控策略提供了实务上的指导，对企业应对腐败风险同样适用。

一、《中央企业全面风险管理指引》中的防控策略

根据《中央企业全面风险管理指引》中关于企业制定内控措施，一般至少包括以下内容：

建立内控岗位授权制度。对内控所涉及的各岗位明确规定授权的对象、条件、范围和额度等，任何组织和个人不得超越授权作出风险性决定。

建立内控报告制度。明确规定报告人与接受报告人，报告的时间、内容、频率、传递路线、负责处理报告的部门和人员等。

建立内控批准制度。对内控所涉及的重要事项，明确规定批准的程序、条件、范围和额度、必备文件以及有权批准的部门和人员及其相应责任。

建立内控责任制度。按照权利、义务和责任相统一的原则，明确规定各有关部门和业务单位、岗位、人员应负的责任和奖惩制度。

建立内控审计检查制度。结合内控的有关要求、方法、标准与流程，明确规定审计检查的对象、内容、方式和负责审计检查的部门等。

建立内控考核评价制度。具备条件的企业应把各业务单位风险管理执行情况与绩效薪酬挂钩。

建立重大风险预警制度。对重大风险进行持续不断的监测，及时发布预警信息，制定应急预案，并根据情况变化调整控制措施。

建立健全以总法律顾问制度为核心的企业法律顾问制度。大力加强企业法律风险防范机制建设，形成由企业决策层主导、企业总法律顾问牵头、企业法律顾问提供业务保障、全体员工共同参与的法律风险责任体系。完善企业重大法律纠纷案件的备案管理制度。

建立重要岗位权力制衡制度，明确规定不相容职责的分离。主要包括：授权批准、业务经办、会计记录、财产保管和稽核检查等职责。对内控所涉及的重要岗位可设置一岗双人、双职、双责，相互制约；明确该岗位的上级部门或人员对其应采取的监督措施和应负的监督责任；将该岗位作为内部审计的重点等。[①]

二、《企业内部控制基本规范》中的防控策略

《企业内部控制基本规范》在第四章控制活动中提到企业应当结合风险评估结果，通过手工控制与自动控制、预防性控制与发现性控制相结合的方法，运用相应的控制措施，将风险控制在可承受度之内。控制措施一般包括：不相容职务分离控制、授权审批控制、会计系统控制、财产保护控制、预算控制、运营分析控制和绩效考评控制等。

不相容职务分离控制要求企业全面系统地分析、梳理业务流程中所涉及的不相容职务，实施相应的分离措施，形成各司其职、各负其责、相互制约的工作机制。

授权审批控制要求企业根据常规授权和特别授权的规定，明确各岗位办理业务和事项的权限范围、审批程序和相应责任。企业应当编制常规授权的权限指引，规范特别授权的范围、权限、程序和责任，严格控制特别授权。常规授权是指企业在日常经营管理活动中按照既定的职责和程序进行的授权。特别授权是指企业在特殊情况、特定条件下进行的授权。企业各级管理人员应当在授权范围内行使职权和承担责任。

---

① 参见国务院国有资产管理委员会关于印发《中央企业全面风险管理指引》的通知。

企业对于重大的业务和事项，应当实行集体决策审批或者联签制度，任何个人不得单独进行决策或者擅自改变集体决策。

会计系统控制要求企业严格执行国家统一的会计准则制度，加强会计基础工作，明确会计凭证、会计账簿和财务会计报告的处理程序，保证会计资料真实完整。企业应当依法设置会计机构，配备会计从业人员。从事会计工作的人员，必须取得会计从业资格证书。会计机构负责人应当具备会计师以上专业技术职务资格。大中型企业应当设置总会计师。设置总会计师的企业，不得设置与其职权重叠的副职。

财产保护控制要求企业建立财产日常管理制度和定期清查制度，采取财产记录、实物保管、定期盘点、账实核对等措施，确保财产安全。企业应当严格限制未经授权的人员接触和处置财产。

预算控制要求企业实施全面预算管理制度，明确各责任单位在预算管理中的职责权限，规范预算的编制、审定、下达和执行程序，强化预算约束。

运营分析控制要求企业建立运营情况分析制度，经理层应当综合运用生产、购销、投资、筹资、财务等方面的信息，通过因素分析、对比分析、趋势分析等方法，定期开展运营情况分析，发现存在的问题，及时查明原因并加以改进。

绩效考评控制要求企业建立和实施绩效考评制度，科学设置考核指标体系，对企业内部各责任单位和全体员工的业绩进行定期考核和客观评价，将考评结果作为确定员工薪酬以及职务晋升、评优、降级、调岗、辞退等的依据。

企业应当根据内部控制目标，结合风险应对策略，综合运用控制措施，对各种业务和事项实施有效控制。

企业应当建立重大风险预警机制和突发事件应急处理机制。明确风险预警标准，对可能发生的重大风险或突发事件，制定应急预案、明确责任人员、规范处置程序，确保突发事件得到及时妥善处理。①

三、《小企业内部控制规范（试行）》中的防控策略

《小企业内部控制规范（试行）》提到小企业在建立内部控制时，应当根据控制目标，按照风险评估的结果，结合自身实际情况，制定有效的内部控制措施。内部控制措施一般包括不相容岗位相分离控制、内部授权审批控制、会计控制、财产保护控制、单据控制等。

不相容岗位相分离控制要求小企业根据国家有关法律法规的要求及自身实际情况，合理设置不相容岗位，确保不相容岗位由不同的人员担任，并合理划分业务和事项的申请、

---

① 参见财政部、证监会、审计署、银监会、保监会关于印发《企业内部控制基本规范》的通知第四章。

内部审核审批、业务执行、信息记录、内部监督等方面的责任。因资源限制等原因无法实现不相容岗位相分离的，小企业应当采取抽查交易文档、定期资产盘点等替代性控制措施。

内部授权审批控制要求小企业根据常规授权和特别授权的规定，明确各部门、各岗位办理业务和事项的权限范围、审批程序和相关责任。常规授权是指小企业在日常经营管理活动中按照既定的职责和程序进行的授权。特别授权是指小企业在特殊情况、特定条件下进行的授权。小企业应当严格控制特别授权。小企业各级管理人员应当在授权范围内行使职权、办理业务。

会计控制要求小企业严格执行国家统一的会计准则制度，加强会计基础工作，明确会计凭证、会计账簿和财务会计报告的处理程序，加强会计档案管理，保证会计资料真实完整。小企业应当根据会计业务的需要，设置会计机构；或者在有关机构中设置会计人员并指定会计主管人员；或者委托经批准设立从事会计代理记账业务的中介机构代理记账。小企业应当选择使用符合《中华人民共和国会计法》和国家统一的会计制度规定的会计信息系统（电算化软件）。

财产保护控制要求小企业建立财产日常管理和定期清查制度，采取财产记录、实物保管、定期盘点、账实核对等措施，确保财产安全完整。

单据控制要求小企业明确各种业务和事项所涉及的表单

和票据，并按照规定填制、审核、归档和保管各类单据。①

四、防控策略的实务应用

以上三份文件已经为企业的腐败风险防控工作提供了非常完善的指导，下面我们以某公司采购场景的腐败风险防控策略部署为例，说明在实务场景中的应用。

（一）请购与审批环节的风险防控策略

需求部门根据实际需要填写采购申请单，说明采购理由、类别、规格、数量、需要时间等，经部门经理审批后，提交至采购部。采购部将采购任务分配给采购专员，采购专员需要先评估采购申请的合理性，确认无误后，根据掌握的市场价格或历史成交价格在申请单中填写预计采购金额，交由采购部门经理审批。对于采购金额超过预算或采购金额超过100万元的业务，则需由采购部门经理组织公司采购管理委员会进行会签，会签人包括需求部门的分管副总裁、财务部门经理等。

（二）采购方式及供应商选择环节的风险防控策略

采购部根据市场情况和采购计划合理选择采购方式，最大程度地优化采购流程并减小市场变化对企业采购价格的影响。其中，单笔采购金额小于10万元的业务使用简易流程：

---

① 参见财政部关于印发《小企业内部控制规范（试行）》的通知。

采购申请审批后，由需求部门在供应商名录中选择供应商，提交至采购部后直接进入合同审批环节，后期的供应过程控制简化。采购金额大于 10 万元小于 30 万元的业务需进行询价比价：由需求部门在供应商名录中随机抽取不少于三家的供应商，向其发出询价函，并通过对各个参评供应商提供的报价进行汇总分析，选出满足要求的供应商。采购金额超过 30 万元的业务需要进行公开招标：由采购部发出招标通知，并通过评标委员会对各个投标供应商提供的报价进行汇总分析，选出满足要求的供应商。

（三）合同订立及签订环节的风险防控策略

财务部对采购合同中有关付款的条款进行审核并给出审核意见，并经分管副总裁、采购部、法务部、总经理审批通过后进行编号备案，由法人代表签字盖章，并规定不能对缺少合同审核、报签文件以及缺少授权委托的合同进行用印。合同签订后，交由合同管理部门对合同正本进行保管。

（四）供应商管理环节的风险防控策略

在供应商提供服务过程中，若需求部门发现存在重大异常或者因供应商自身原因导致项目进度出现严重滞后时，需向采购部和有关部门报告，查明原因，及时处理。外购服务或劳务项目的过程监控包括进度和质量两部分。进度检查是指需求部门按照合同或需求说明书，每季度末检查供应商的服务或劳务提供进度，并对相关情况进行记录，进度检查的重点是实际进度是否与双方确认的项目计划书中的进度相符、服务质量是否存在重大异常、是否收到供应商提供的季报。质量检查是指需求部门按照合同或需求说明书，对供应商的工作内容进行技术评审、测试，确保交付质量符合规定，并对评审结果进行记录。

（五）验收环节的风险防控策略

由需求部门组织，运营管理部及财务部、采购部共同参与，根据合同或公司有关验收规定对采购的软硬件、服务或劳务进行验收，对照采购合同，确定数量及质量是否合格。若采购的软硬件、服务、劳务出现重大质量问题或严重不符合合同的要求，由采购部组织召开问题解决会议，邀请财务、技术等相关人员参加。需求部门提交问题解决方案，经总经理审批后处理。对供应商以公司的名义发出书面通知，写明不符合要求的具体内容及要求供应商改善的期限和需达到的条件。外购商品（包括软、硬件）的验收，由采购部和需求部门根据合同或需求说明书中约定的内容进行验收，验收通过后签署"到货通知单"。服务或劳务项目的成果验收，需要供应商提前准备好交付物，并将相关材料整理成册，采购部和需求部门以及各相关部门组织验收人员对交付物进行审查，如源代码、产品规格说明书等相关文档，确保资料完整无误。当所有工作成果都通过验收后，双方需在包含供应商名称、验收日期、货物或服务名称、数量和质量等内容的"验收报告"中加盖公章确认，并统一由采购部保管。如果供应商的交付存在缺陷，供应商应给出弥补缺陷的解决措施，并且，双方针对是否需要进行第二次验收以及验收时间展开协商。如果因供应商的失误给公司造成损失，需按照合同规定由供应商承担相关违约责任并弥补各种损失。

（六）付款环节的风险防控策略

由采购部填写并提交付款申请单，并将到货通知单及验收报告等装订成册，经部门经理审批后提交至财务部，后者在收到供应商的发票后，对采购发票、结算凭证、请购申请单等相关材料进行检查，确保资料的合法、合规以及真实性，同时审核是否符合预算和合同规定，审批手续是否齐全，对金额、数量等基本内容进行确认，确认无误后财务人员进行会计核算，并由出纳付款。同时由财务部、采购部成立保障组，定期对供应商往来应收应付款项进行函证。

（七）监督及检查

公司内部审计部门对控制制度的执行程度进行定期或专项监督检查。检查内容包含采购与付款相关岗位人员是否按不相容职务分离的标准来执行，采购过程中包括付款的授权审批是否合规并且完善，财务相关款项的管理以及票据的保管是否正确并合规。内部审计部门在检查后会形成分析报告上交董事会，直接对董事会负责。①

---

① 黄立新，程昱，程新生，李娜. 互联网企业采购业务内部控制研究. 管理评论，2021（10）.

第五章　腐败案件调查与合规从业

作为廉洁合规从业者，我们必须认识到：腐败风险无法被完全规避，腐败案件无法被全部查处。我们要做的是：采取防控措施降低腐败风险发生的概率，穷尽调查方法提高腐败案件查处的可能。

开展有效的腐败案件调查是企业廉洁合规工作的重要抓手，不仅可以发现具体的腐败案件，在经济上有效的止损甚至挽回损失，还可以进一步通过案件复盘来发现管理漏洞，采取管控措施减小同类案件发生的概率。同时在公司内部形成有力的威慑，展示公司对腐败的态度和诚信的价值观。

有效的腐败案件调查包括计划、取证、访谈、还原、报告五个要素。

- 计划：获取腐败案件的线索后，需要对线索的真实性进行评估，进而制订详尽的调查计划，包括调查目标、调查员、调查时间、调查所需的资源等；

● 取证：根据线索对案件进行有效取证是锁定当事人和具体行为的关键，一般证据包括物证、书证、证人证言、当事人陈述、鉴定意见、视听资料、电子数据等，需要注意的是，证据必须经过查证属实，且形成证据链；

● 访谈：访谈对象包括怀疑的案件当事人、举报人和证人，这也是对当前证据所不能证明的客观细节的补充，在此过程中要注意个人信息和访谈信息的保护工作；

● 还原：根据取证和访谈的结果对案件面貌进行客观还原，明确谁参与了案件、使用了什么手段、做了哪些事情、什么时间做的、造成了什么后果等；

● 报告：通过调查还原案件过程后需要形成案件调查报告，并提出案件处理建议，例如按照公司制度进行内部处分、解除劳动合同、移送司法等。

思考：

1. 贵公司在什么情况下会启动内部案件调查？

2. 贵公司是否制定了内部案件调查的流程和规范？

3. 案件调查结束后，如何降低同类风险事件发生的概率？

4. 贵公司聘用内部调查员的标准有哪些？

第一节　线索研判与计划制订

一起案件的调查一般以相关线索的获取为前提，线索的来源主要包括知情人举报、内部审计、管理层复核、文件审查等渠道。其中内部审计、管理层复核和文件审查等是主动发现线索，线索的真实性和可靠性都较高，而举报是被动获取线索，其真实性有待进一步判断。如果对案件线索不加研判就开展正式调查，有可能会出现投入大量资源后却发现线索指向的事件并不存在。

根据 ACFE 发布的《2022 职务舞弊：全球报告》，职务舞弊被发现的方式中，举报占比 42％，而排在第二位的内部审计和第三位的文件审查分别只占到 16％ 和 12％，这也就意味着我们要采取有效的措施来提高线索的数量和质量，其中的关键是举报平台建设。

通过举报平台建设来提高线索的数量和质量包括三个方面。

第一，丰富举报方式。

电话举报、邮箱举报、信件举报、网络举报等都是可以采用的举报方式，其中网络举报是指的举报人可以通过在电子设备上点击链接或手机识别二维码打开举报页面，通过在举报页面填写举报信息进行举报。由于举报人的行为习惯多种多样，所以我们不能只采取一种举报方式，而是尽可能提供多种举报方式选择，这样举报人可以采取其更加方便或偏好的方式进行举报。例如有些一线员工可能没有自己的邮箱，也不会收发邮件，如果只采用邮箱举报的方式，当他们有举报意向的时候就可能因为不会使用邮件而放弃举报。

第二，扩大举报宣传渠道。

如果开通了很多举报方式，但是举报人不知道这些举报方式的话，仍然无法帮助举报人将举报意向转化为举报行动，所以我们要扩大举报宣传渠道，让更多的人知晓举报方式。常见的举报宣传渠道有向员工和合作伙伴员工发送邮件、在与员工签署的"廉洁承诺书"和与合作伙伴签署的"反商业贿赂协议"中对举报加以说明、在公司的官方网站和自媒体等平台发布举报相关信息、在办公场所张贴举报宣传海报等，甚至在员工培训以及合作伙伴大会等场合，都可以进行宣传。

第三，专人受理举报。

当一通举报电话无人接听或者一封举报邮件无人回复，举报人的心里可能会对廉洁合规部门的工作产生怀疑，当举报的信息经常性石沉大海，在大众的心中就会产生举报无用的群体心理，最终的结果可能是再也没有人举报。如果要鼓励知情人进行举报，对举报信息进行及时回应是成本最低且最有效的方式之一，为此我们有必要安排专人受理举报，并对举报人作出回应，一方面可以给举报人以信心，另一方面还可以与举报人建立联系以获取更多有价值的信息。

不论是通过哪种方式进行举报，我们要对举报信息进行研判，初步判定线索真实性较高的前提下，才能在初步调查后启动正式调查。线索的真实性需要同时满足七个构成要素，也就是"5W2H"要素，包括：做了什么（What）、谁做的（Who）、为什么做（Why）、什么时间做的（When）、在什么地方做的（Where）、怎么做的（How）、多少金额（How much）。以上七个要素已经基本能够还原事情的原貌，如果线索不能同时满足这七个要素，就要通过与举报人的沟通和初步调查来补全，对于要素缺失较多的一般不会进入正式的调查流程。

我们可以通过以下两封举报邮件的对比来直观感受七要素的完善与否对线索质量的影响。

示例邮件（1）

发件人：879×××299@qq.com

收件人：jubao@××××.com

时间：2022－11－09（星期三）17：44

附件：录音.MP3、转账截图.PNG

主题：举报采购经理张××索要好处费

正文：

　　××公司监察部：

　　贵公司的采购经理张××在今年8月份电话联系我说公司要采购一批××设备，通过朋友介绍联系到我，并约我到××餐厅详谈，张××在吃饭期间暗示我只要给他好处就能把订单给我，并说这是成为贵公司的供应商需要给的好处费。吃饭后的第二天他给我发了银行账号，但不是他的名字开的账号，后来我犹豫再三还是打了10万元过去。签订供货合同后，我严格按照合同在10月份提供了符合要求的××设备100台，但迟迟没有收到合同的尾款150万元，当我询问张××的时候，他总是以正在走财务流程来搪塞我，我借助自己的关系了解到，尾款流程根本没有提交，后来我再次联系张××要其付尾款，他说见面详谈，结果见了面开口就要50万，这次供货的利润都没有这么多，我猜到他还想要好处，所以提前打开了录音，录音文件和之前的转账截图都跟邮件一起发过来了。请贵公司务必严查张××，并及时支付合同尾款。

示例邮件（2）

发件人： asd456tgh@163.com

收件人： jubao@××××.com

时间： 2022 - 12 - 17（星期六）23：10

> **附件：**
>
> **主题：**贵司王××欺上瞒下，大搞权钱交易
>
> **正文：**
>
> 　　我举报贵司运营总监王××欺上瞒下，大搞权钱交易，收下属的钱，收渠道商的钱，不给钱就不给办事，他住豪宅开豪车的钱就是这么来的，他还压榨员工，乱搞关系，请贵司严惩王××。

这两封邮件都是关于公司内部员工的举报，但举报的信息质量却天差地别。我们拿"5W2H"要素对两者进行分析对比，可以清晰看到其中的差异（参见表5-1）。

表5-1　两封举报邮件"5W2H"要素对比表

信息要素	邮件（1）	邮件（2）
做了什么（What）	两次索贿： 第一次成功 第二次未遂被举报	只有概括性表述，具体不详
谁做的（Who）	采购经理张××、××设备供应商	运营总监王××
为什么做（Why）	不详	不详
什么时间做的（When）	第一次在2022年8月 第二次在2022年10月	不详
在什么地方做的（Where）	第一次在××餐厅 第二次不详	不详

续表

信息要素	邮件（1）	邮件（2）
怎么做的（How）	第一次利用采购职务便利向供应商索贿，并承诺采购订单，利用他人银行账户收取供应商转账10万元；第二次利用拖欠尾款的方式向供应商索贿，并承诺收到贿赂款马上支付尾款，供应商觉得其要价过高遂举报	不详
多少金额（How much）	10万元	不详

第一封邮件除了"Why"要素（行为人动机）缺失以外，其他要素都较为完整，且基本符合事物发展逻辑，并且附件中有录音和转账截图两份证明材料，可信度很高，通过补充调查较容易查清事实、还原真相。而第二封邮件只有"Who"要素，"What"要素也只有概括性表述，没有具体的某个事件描述，一方面仅凭这些信息案件调查工作难以开展，另一方面有恶意举报的可能性，如果以第二封邮件的举报信息开展调查，需要其他信息的相互印证，例如被举报人此前已经被不同人多次举报或过往业务自查中的异常信息指向该被举报人，单凭这封举报邮件的信息是不能够进入正式调查流程的。

线索的"5W2H"要素较完整的前提下，仍然不能马上进入正式的调查环节，要素完整不能与客观事实画等号，我们仍然需要对线索的真实性做初步判断，也就是初步调查。初步调查就是借助现阶段可方便获取的证据来判断举报信息

的真实性，以及补充举报中缺失的关键信息。以示例邮件
（1）举例，如何判断这封邮件所述的信息是客观真实的呢？
我们可以调取该供应商的合同、相关审批流程、财务付款凭
证，用技术手段判断举报人提供的两份证据的真实性，通过
关系摸排判断收款人与被举报人的关系，还可以通过与该举
报人谈话来获取缺失的信息以及判断信息的真实性。当初步
调查工作完成，并形成线索研判报告，线索研判部分的工作
就可以告一段落。

　　线索经过研判确定其真实性后，在开展正式调查之前，
需要在公司内部进行立项。调查立项本质上是将调查行为在
公司内部获得程序上的授权，没有经过公司授权的调查行为
不能代表公司的决定，可能会在后续的调查工作中受到各方
面的挑战和质疑。一般来说，调查立项的过程就是将正式调
查申请以公司内部审批的形式获得相关机构或管理人员的批
准，调查申请需要包括线索研判结果、调查方向、调查范围
等内容。

　　公安机关、检察院、监察委等国家公权力部门的调查权
来自《刑事诉讼法》和《监察法》等法律的授权，而民营企
业内部的廉洁合规部门或其他调查部门并没有法律赋予的调
查权，企业内部开展调查工作依据的是《民法典》中关于财
产保护的权利，由于被侵犯财产权的法律主体是公司，因此，
调查员的企业内部调查权需要公司授权才能取得，调查立项

就是要解决公司内部调查权授权的合法合规问题，只有经过授权，调查员才能正当开展内部调查工作。

调查立项的意义也不仅体现在调查权的授权，案件调查所需要获取的经费和人手等资源支持、内部相关部门的配合等，都可以通过调查立项来解决。调查立项后就可以组建调查小组、制订调查计划。

是否组建调查小组视企业的情况和案件的具体情况而定，在调查员人手不足或案情较为简单的情况下，案件调查一般由一人负责，如果调查过程中需要其他调查员的支持，再另行申请。如果不是以上特殊情况，调查小组一般至少由两人或多人组成，调查小组成员的选择也有一般性的要求。

要求一：小组负责人调查经验丰富。

调查小组的负责人一定是由调查技术过硬、调查经验丰富的专家担任，因为调查计划的制订、任务分配、节奏把握、实施调查等关键点上都需要经验的支撑，同时还可以在调查过程中让新人参与，同步实现"老带新"的新人培养目的。

要求二：小组内要有人了解相关业务。

前文已经说明了不同的业务形式或不同的岗位，其腐败手法有很大差异，这种差异的根本原因在于业务的不同导致的职权的不同，小组内没有人了解相关业务的话，调查的开展会非常困难，例如当事人解释说这是行业惯例、为了业务拓展考虑，调查容易失去主动权。

要求三：小组成员要具备法律常识。

公司内部调查权来源于公司的授权，而不是法律，这也就意味着内部调查没有强制权，调查员就需要在法律许可的范围内从事调查工作，而不能为了调查逾越法律，这就需要小组成员具备基本的法律常识，当然，一些关键的法律常识可以通过培训来普及。

要求四：特殊案件的专家需求。

有些案件涉及计算机系统或其他非常专业的领域，就需要将相关领域的专家纳入调查小组，这些专业知识往往不是一朝一夕就能学会的，需要该领域的专家来参与并提出建议，很多因为特定领域影响案件调查开展的专业问题，专家往往会一语道破。

要求五：利害关系回避。

与涉事员工或涉事供应商有利害关系的话，是不能被纳入调查小组的，一方面是出于调查信息保密的要求，另一方面是为了保证调查过程和调查结果的客观公正。利害关系意味着利害关系方有共同的利益诉求，或一方为了实现某种利益能够对利害关系方施加影响形成共同的利益诉求，这种利害关系往往以人与人、人与组织、组织与组织之间的社会关系形式出现。例如调查员与涉事员工是亲属或朋友关系、调查员直接或间接持股涉事供应商等。

调查计划的制订可以在组建调查小组之前，这种情况往往是根据调查计划来组建调查小组；调查计划的制订也可以在组建调查小组之后，调查计划往往是小组负责人牵头，调查小组共同制订调查计划。两种方式各有其优势，前一种方式能够根据调查计划合理安排调查小组的组建，在调查小组组建前已经明确了每个人的分工；后一种方式的优势在于能够集思广益，开阔调查思路，使调查计划更加完善。但不论哪种方式，定期组织召开调查小组会议是必不可少的，通过定期会议可以互通现阶段已经掌握的信息，调整下一阶段的调查目标，集思广益解决现阶段的难题等。

一份合格的调查计划包括了调查目标、调查策略、调查范围、调查方式、任务分配、时间进度等内容。很多企业在调查实践中并不制订调查计划，而是依靠调查员的从业经验一步一步地推进，这种方式与制订调查计划在本质上并无不同，因为有经验的调查员会在心中自然形成后续的调查计划并根据调查工作的推进情况不断调整。书面的调查计划是将调查员心中的计划显性化，这么做的好处在于让小组成员理解计划并达成小组内的共识，帮助小组成员达成一致目标，并且使调查过程被记录、可追溯，对于案件调查完成后的复盘、改进有重要价值。

调查目标并不是只有一个选项，我们以前述示例举报邮件（1）为例，线索指向了采购经理受贿 10 万元和索贿 50 万元未遂两个具体事件，调查目标可以是查清受贿 10 万元并获取关键证据，也可以是查清全部举报内容，还可以是查清采购经理在职期间的所有腐败行为。调查目标的选择会受到很多客观因素的影响，甚至可能随着调查的开展，调查目标会进行调整，但调查目标的调整必须经过相关管理人员的书面确认。

调查策略的选择会受到调查目标、调查对象、公司文化、现有证据等诸多因素的影响，在调查策略上也可以看到调查员鲜明的调查风格。总体来说，调查策略的制订有以下基本原则：先秘密后公开、先外围后中心、先物证后人证、先人际后案件、先自查后借力。

原则一：先秘密后公开。

案件调查在开始时应采取保密原则，避免消息被泄露，给当事人销毁证据或与其他涉事人员、涉事单位相互串通包庇的机会，否则案件调查往往会受到极大阻碍。保密原则一方面要求调查小组对案件调查一事保密，另一方面要求调查采取秘密的方式进行。保密范围一般选择调查小组内以及该小组的直接管理人员，任何其他人员甚至公司高管都不应知晓。只有在掌握充分的证据后，才能根据实际情况选择部分公开或全部公开。

原则二：先外围后中心。

调查一般从外围入手，这里的外围是指与涉案人员关系较远但有千丝万缕联系的人员、部门或单位，外围的调查一般不会被涉案人员发觉。当外围的情况被摸清楚、相关信息被充分掌握后，再逐步向中心靠近，与涉案人员关系越深，调查人员离中心就越近。中心调查是获取证据的关键步骤，也是最容易被当事人察觉的环节，先外围后中心的终点往往是调查员与当事人的面谈。

原则三：先物证后人证。

调查的核心工作之一是取证，在企业腐败案件调查中一般分为实物证据和言词证据。实物证据具有稳定性但容易被销毁，其证明力一般也高于言辞证据，但是对于企业职务犯罪案件来说又往往是间接证据。言辞证据是直接证据，但获取难度更大。先物证后人证的原则也与先外围后中心的原则相辅相成。

原则四：先人际后案件。

人际是指涉案人员的社会背景和社会关系，如果涉案人员有特殊背景，公司可能没有权利对其进行调查，案件调查的展开一定是先对当事人进行足够的了解后进行的。先人际后案件的原则还能帮助调查人员在摸清涉案人员社会背景和社会关系的同时，掌握外围的线索，例如查到涉案人员的亲属在公司的某一供应商持有股份。

原则五：先自查后借力。

在开展案件调查获取一部分相关证据后，基本还原了案件事实后，如果一些关键的证据仍然受制于某些条件不能获取，可以考虑寻求公权力的帮助，也就是向公安机关报案，法律赋予公安机关的调查权及公安机关调查案件的专业性有利于进一步突破案件。向公安机关报案也是企业在自身合法权益受到侵害时的正当诉求。

调查目标和调查策略确认后，调查范围、调查方式、任务分配、时间进度等内容基本也就随之确定，小组对调查计划达成共识，小组成员领到自己的调查任务后，就进入案件调查的执行环节。

第二节　证据获取与人员访谈

一、证据获取

案件调查的本质是通过客观信息的梳理还原真相，支持客观信息的核心是证据。企业内部调查获取的实物证据和言辞证据都不能作为法定证据直接在刑事诉讼中使用，必须经过公安机关重新制作才能转化为刑事诉讼证据，而企业通过内部调查获取证据的意义在于理清事实，必要时作为向公安机关报案的核心材料。

所谓证据，就是可以用于证明案件事实的任何材料。证据要求客观情况下的真实性、与案件之间的关联性，以及取得形式的合法性，这就是常说的证据的"三性"。客观真实性是指证据必须是能证明案件真实的、不依赖于主观意识而存在的客观事实；证据的关联性是指作为证据的事实不仅是一种客观存在，而且它必须是与案件所要查明的事实存在逻辑上的联系，从而能够说明案件事实；证据的合法性是指证据必须由当事人按照法定程序提供，或由法定机关、法定人员按照法定的程序调查、收集和审查，不按照法定程序提供、调查收集的证据不能作为认定案件事实的根据。

对于证据的分类，我国的三部诉讼法依据不同情形，分别作出了规定。

《中华人民共和国刑事诉讼法》（2018 年 10 月 26 日修正）第 50 条规定："可以用于证明案件事实的材料，都是证据。证据包括：（一）物证；（二）书证；（三）证人证言；（四）被害人陈述；（五）犯罪嫌疑人、被告人供述和辩解；（六）鉴定意见；（七）勘验、检查、辨认、侦查实验等笔录；（八）视听资料、电子数据。证据必须经过查证属实，才能作为定案的根据。"

《中华人民共和国民事诉讼法》（2023 年 9 月 1 日修正）第 66 条规定："证据包括：（一）当事人的陈述；（二）书证；（三）物证；（四）视听资料；（五）电子数据；（六）证人证言；（七）鉴定意见；（八）勘验笔录。证据必须查证属实，才能作为认定事实的根据。"

《中华人民共和国行政诉讼法》（2017 年 6 月 27 日修正）第 33 条规定："证据包括：（一）书证；（二）物证；（三）视听资料；（四）电子数据；（五）证人证言；（六）当事人的陈述；（七）鉴定意见；（八）勘验笔录、现场笔录。以上证据经法庭审查属实，才能作为认定案件事实的根据。"

（一）物证

物证是指能够证明犯罪行为和有关犯罪情节的物品或痕迹，如作案工具、赃款赃物、指纹等。物证是不具有任何主观的东西，而只以其客观存在来证明案件的事实。对物证必须妥善地加以保管，以保持物证的原有的形态。如果不能保持原来形态或者物证有可能灭失的，需要经过行政机关采取措施予以保全。

民事诉讼法、行政诉讼法规定，在证据可能灭失或者以后难以取得的情况下，诉讼参加人可以申请证据保全，人民法院也可以主动采取证据保全措施。刑事诉讼法规定，司法机关有权采取各种措施收集、调取证据，对于扣押的物品、文件要妥善保管或者封存。

（二）书证

书证是能够证明案件真实情况书面材料，如合同、单据、账本、批示等。书证在形式上采用书面形式，在内容上能够通过文字、符号、图形等与案件产生关联性。根据书证制作方法以及构成其来源的不同，书证可以分为原本、正本、副本、节录本、影印本、翻译本。

原本是指文书制作人将有关的内容加以记载而做成的原始文书，也叫原件或底本，是文书制作人就文书内容最初所制作的文书，实践中原本既可以是手写的也可以是打印的，只要是最初制作的文本而成为书证时就是原本，书证的其他文本都来源于原本。与其他文本相比较而言，原本的证明力最高。正本是依照原本采用全文抄录、印制等方法而出自于原本、其内容与原本完全相同、对外与原本具有同等效力的文书。副本是依照原本全文抄录、印制但不具有正本效力的书证。节录本是指制作人摘要抄录、印制原本、正本文书部分内容后而形成的书证，节录本与原本相比只能反映原本的部分内容。影印本是指采用影印技术，将原本或正本通过摄影或复制而制作的文书。翻译本是指采用原本或正本语言文字以外的语言文字，翻译而形成的文书。

在诉讼中，调取、收集和提交的书证应当是原件，只有在取得或提交原件有困难时，才可以采用其他类型的书证。

（三）证人证言

证人证言是指知道案件真实情况的人，就其所了解的案件情况，向司法机关或有关人员作的陈述。证人证言必须将其口头陈述以笔录的形式加以固定，在企业内部调查中调查员可以取得证人的同意由其亲笔书写证词作为证人证言。

由于证人证言受主观因素影响，可能存在真实、不完全真实或完全不真实等情况，在收集和使用证人证言的同时，还要对其内容、来源、形成过程等结合其他证据进行审查。

（四）被害人陈述

被害人陈述是指直接受到犯罪行为侵害的人就受害情况及案件的有关其他情况向司法机关或有关人员所作的陈述。在企业内部调查的场景中就是在公安机关立案后，企业就相关情况做的说明。

（五）犯罪嫌疑人、被告人供述与辩解

犯罪嫌疑人、被告人供述与辩解是犯罪嫌疑人、被告人就本人的犯罪行为向司法机关所作的供述，或称口供，或者是犯罪嫌疑人、被告人否认自己有犯罪行为或者承认犯罪，但认为应当减轻处罚、免除处罚所作的辩解。

对于企业内部调查实务来说，这类证据具体指被调查的当事人就自己的腐败行为事实向调查员所做的供述，内容包括对行为的承认及行为的具体情节，一般建议采用笔录的形式，可以由被调查的当事人自行书写，也可以由调查员制作笔录后让当事人签字捺印。

（六）视听资料

视听资料是指能够作为证据的录音、录像、电脑或其他电子设备储存的数据等，是一种被固定、被保全的证据。视听资料必须经过审查，才能被认定作为证据，所以必须确保

信息存储和转换等环节不存在误差、未经人为篡改。

这类证据在企业内部调查实务中常见的就是录音、录像，一般只有经过当事人同意的录音、录像才能作为合法证据使用，且必须保留原始载体。

(七) 鉴定意见

鉴定意见是鉴定人运用自己具有的专门知识对案件中专门性问题所进行的分析、鉴别和判断，例如指纹鉴定、书法笔迹鉴定、痕迹鉴定等。在企业内部调查实务中很多场景例如冒充签字、伪造印章的鉴定，物品市场价值的鉴定等，都会需要委托鉴定。

(八) 勘验、检查、辨认侦查实验笔录

勘验、检查、辨认侦查实验笔录是指行政机关的执法人员或者专门人员为了解案件的事实，对事实发生的现场或者物品进行勘验、检查。勘验应当制作笔录，勘验笔录是对客观事实的反映，能够证明案件的真实情况，是一种独立的证据。

(九) 电子数据

电子数据是案件发生过程中形成的，以数字化形式存储、处理、传输的，能够证明案件事实的数据。根据最高人民法院、最高人民检察院、公安部印发的《关于办理刑事案件收集提取和审查判断电子数据若干问题的规定》第 1 条规定，电子数据包括但不限于下列信息、电子文件：

（1）网页、博客、微博客、朋友圈、贴吧、网盘等网络

平台发布的信息；

（2）手机短信、电子邮件、即时通信、通讯群组等网络应用服务的通信信息；

（3）用户注册信息、身份认证信息、电子交易记录、通信记录、登录日志等信息；

（4）文档、图片、音视频、数字证书、计算机程序等电子文件。

尽管证据的种类很多，企业内部调查要通过获取证据还原事实真相的话，孤立的证据往往是不足以支撑的，需要多份证据并在证据和证据之间形成的一个链条，每一份证据之间都有一定的关联，正是一份份证据的彼此证明，才最终形成这个事件的完整整体，这就是"证据链"理论，简而言之，证据链就是一系列客观事实与物件所形成的证明链条。证据链思维一般具备以下六个要素：

要素一，证据链的概念只能在多个证据存在的条件下适用；

要素二，适用在单独证据不能直接证明被证事实的情况下；

要素三，每个证据至少要与其他两个证据具有联系；

要素四，各个证据之间应当在大多数情况下呈现一种递进的或也可称之为纵向的连接建立关系；

要素五，组成证据链的各个证据不拘形式，可以是七类证据中的任何一种；

要素六，证据链的集合证明力为各个证据的总和。

开展内部调查，从而获取合法证据的方法有很多，需要根据案件的具体情况来进行，例如案件关联信息的收集、案件关联地的实地踏勘、案件知情人访问、被调查当事人的访谈等，都是常见的调查方式。

案件关联信息的收集可能涉及当事人员工档案及其他公开信息、相关合同及审批流程、相关账目往来及财务凭证、相关 IT 数据、涉事公司的工商资料和资质材料等。

实地踏勘的工作就是到相关场所确认某个或某些信息的真实性，例如通过踏勘涉事单位的实际情况来判断该单位是否真实存在、规模资质等是否与在案资料一致、人员是否与相关单位有关联等；通过踏勘工程施工情况来判断工程项目是否按照图纸施工、是否达到约定标准、是否变更工程量、用料规格是否达标等；通过踏勘房屋租赁情况来判断地址面积等是否与合同相符、是否真正投入使用、使用率、是否有转租、真实所有权人等；通过踏勘仓库进行物资盘点、查验进出库记录、质量检查等。

可以访问的知情人包括除被调查当事人之外任何了解案件相关情况的人员，举报人就是最典型的知情人，很多在举报材料中缺失的信息需要与举报人进一步沟通来补齐，即便举报人可能不清楚某些细节，也可能给案件调查提供新的知情人信息。另外的知情人较常见的就是涉事员工的上下级以及经常对接的合作商员工，通过对这些潜在知情人的访问，能够很大可能补充缺失的信息，甚至获取证据，乃至挖掘出新的线索。与知情人沟通的方式有很多，可以采取电话、邮件、通讯软件、视频、线上会议等很多形式，但相对来说，现场访问的效果更好，其中的关键因素就是面对面更容易建立信任关系。

二、人员访谈

在调查中，难度较高的是对被调查的当事人进行谈话。与被调查的当事人进行谈话一般会有三种前提情况：第一种是已经通过调查获取了充分的证据，能够证明当事人实施了相关行为，违反了国家法律和公司制度，给公司造成了损失，这种情况还与当事人进行谈话一般是出于公司内部调查流程规范上的需要或者期望通过谈话挖掘出其他案件线索；第二种是获取了部分证据，需要通过谈话补充缺失的信息以及获取言辞证据，已经获取部分证据的前提下谈话成功的可能性较高；第三种是没有获取任何证据，期望通过谈话让当事人主动坦白并获取言辞证据，这种情况下谈话成功的可能性较低，对调查员谈话能力的要求很高。

调查的顺利开展需要策略的支撑，谈话同样需要根据案件情况制定合理的策略，在谈话策略的选择上，要看调查员的经验和风格，有专家对谈话策略进行了总结。

策略一：单刀直入。

采用开门见山、直奔主题的方式，直截了当地指明当事人曾经实施过的行为，不给当事人在现场思考和组织虚假说辞的时间，促使当事人袒露实情。

策略二：出其不意。

采用隐蔽意图、突然袭击的方式，在貌似正常的谈话中突然抛出当事人缺乏准备的要害问题，使其措手不及。

策略三：连环发问。

采用紧锣密鼓、连环发问的方式，一步一步追问细节问题和关联性问题，使当事人的虚假说辞不能自圆其说，突破其心理防线。

策略四：引而不发。

采用营造气氛、制造压力的方式，只提出疑问，让当事人侃侃而谈，不加制止不做评论，在当事人以为占据上风时抛出"撒手锏"，拆穿其虚假说辞，后发制人。

策略五：旁敲侧击。

采用从容不迫、慢条斯理的方式，用貌似零星无序不着边际的问题让当事人摸不着头脑，让其猜疑焦虑，自乱阵脚。

策略六：离间瓦解。

在多人参与案件的情况下，可以采用扩大疑虑、动摇防线的方式，让当事人担心被同伙出卖而选择配合谈话。

策略七：感化启发。

采用以情动人、以理服人的方式，站在法律和道德的角度表达其行为的错误，同时站在当事人的心理角度表达对其的理解和惋惜，使当事人愧疚、自责、后悔，选择坦白。

策略八：揭露矛盾。

通过揭露矛盾、指明要害的方式，对当事人的虚假供述以事实真相和确凿证据进行揭露，使当事人难以通过虚假说辞开脱。

策略九：软硬兼施。

通过制造落差、心理失衡的方式，一方面步步紧逼，另一方面又循循善诱，让当事人产生心理落差，最后搭好台阶让其主动坦白。①

谈话策略的实施效果会受到很多因素的影响，调查员必须在正式谈话前做好充分的准备工作，其中最基本的就是要对案件相关信息做到充分的了解和掌握，尤其是没有参与前期的调查取证工作的话，更要花时间熟悉案情。熟悉案情一

---

① 张亮. 张亮讲侦查——14堂职务犯罪侦查实战课. 北京：中国检察出版社，2022：321-324.

方面是对案件的"5W2H"七要素了然于胸，另一方面还要全面了解谈话的当事人，包括当事人个人的情况、在公司的任职情况、家庭情况、社交关系、性格爱好等，对这些信息的了解能够帮助调查员掌握谈话的主动权，并敏锐察觉当事人的说辞中矛盾或与事实不符的地方。

谈话前的准备工作还包括访谈人员的选择、场地的准备、谈话策略的选择、谈话提纲的设计、当事人的约谈通知等。谈话人员一般有两人，一人主谈，另一人配合及记录。两人一起谈话一方面可以相互监督，保证谈话的客观性；另一方面可以提高谈话效率，弥补中间可能存在的缺失和不足。如果当事人是女性的话，一般也会要求谈话人员中至少有一名女性，而且一般也会要求谈话人员衣着正式、举止礼貌。谈话的场地优先选择公司办公场所的会议室，且会议室设置在一楼或会议室没有窗户或窗户无法打开，避免意外情况的发生，很多企业在内部调查实践中还会设置专门用于谈话的房间。谈话提纲的设计一般由谈话策略决定，选取哪种谈话策略也就决定了谈话提纲中问题的走向。甚至谈话策略的选择也会对约谈当事人的方式有所影响，例如提前一天以调查的名义或非调查的名义约谈、在办公场所中找到当事人直接面对面约谈、或者让当事人的直属上级协助约当事人到指定地点等，都是可以根据谈话策略或公司相关要求采取的约谈方式。

在见到被调查的当事人开始正式谈话之前，应当首先告知当事人本次谈话的目的、谈话的程序、当事人在谈话过程中的权利和义务，录音录像的应当取得当事人的同意。接下来就是根据事前制定的谈话策略和谈话提纲与当事人进行沟通来获取有效信息，并制作谈话笔录。在谈话实践中，当事人开始谈话就积极配合的情况较为少见，当事人会由于畏罪、侥幸、戒备、抵触等心理状态表现为行为上的谈话抗拒，这也就体现了谈话策略的重要性。对于谈话过程中证据的使用，总体的原则是：能不用就不用、能少用不多用、能间接用不直接用。

一场谈话顺利结束的标志是谈话笔录的制作完成，谈话笔录可以由当事人本人书写，或者经过当事人的同意由调查员制作笔录，并由当事人签字捺印。笔录的内容包括本次谈话的基本信息、正文和结尾。应当涵盖如下具体内容。

1. 基本信息

名头：谈话笔录

书写人：当事人或调查员。

时间：应在工作时间，饮食和休息情况应当记录。

地点：应详尽写明谈话的地点，具体到地址、楼号、楼层、房间号或房间名。

人员信息：调查员和当事人的姓名、性别、身份证号、工作单位、职务等基本信息要准确完整。

2. 正文

程序性告知：介绍调查员基本情况、谈话目的、告知开启录音录像设备、签署权利义务告知书等。

当事人基本情况：当事人讲述其个人信息、工作经历、家庭情况、任职情况、负责的工作内容等。

案件经过：当事人是否认可违反法律或企业制度并已经侵害了企业的合法权益、事情的详细经过［做了什么（What）、谁做的（Who）、为什么做（Why）、什么时间做的（When）、在什么地方做的（Where）、怎么做的（How）、多少金额（How much）］、印证事情经过的证据（作案工具的来源、特征及下落；赃款赃物的数额、获取方式、使用情况、转移情况、处置方式等）。

3. 结尾

问明当事人：是否自愿供述，有无逼供、引供、诱供等情况；是否有限制人身自由等非法行为。

当事人书写："以上笔录本人看过，并完全理解记录内容，与本人表述一致"。

签字按指纹：每一页笔录签字按指纹，并书写年月日。

与当事人进行谈话最好一次完成，如果一次谈话没有获取有效谈话笔录的话，进行第二次谈话的效果往往会大打折扣，因为这给了当事人充分的心理准备时间、虚假说辞的准备时间和毁灭证据的时间，再次谈话极有可能出现当事人推翻第一次谈话内容的情况。还有一种特殊情况就是涉及多个当事人，可能是多个公司内部员工，也可能涉及外部人员，这种情况就需要安排多组调查员分开同时谈话，这也是为了避免当事人之间串通虚假说辞而影响案件调查的顺利开展。

　　企业内部调查不能打无准备之仗，选择了主动出击，就要一击必胜。如果调查由于各种因素无法顺利开展的话，可以选择暂时搁置，而不惊动当事人，待时机成熟再启动调查项目。

第三节　调查报告制作与案件处理

　　案件调查的结束一般有三种情况：查实、查否、中止或终止。查实是指经过内部调查证实线索指向的案件具有真实性或部分真实性，查否是指经过内部调查证实线索指向的案件并不存在，中止是指内部调查由于各种因素的影响无法继续开展调查而暂停调查，而终止则意味着内部调查由于各种因素的影响停止调查，一般以后也不会重新启动调查。

　　案件调查工作结束后需要调查小组出具案件调查报告，并呈送廉洁合规部负责人。在企业内部调查实践中，案件处理建议一般由负责该案件调查的小组负责人给出，但不能直接做案件处理决定。通常的做法有两种，一种是由部门负责人对案件调查报告进行确认并给出案件处理决定；另一种是由部门负责人对案件调查报告进行确认后，提交合规委员会评审决议，合规委员会一般由公司总裁或 CEO、廉洁合规部负责人、法务负责人、人力资源负责人、当事人部门的最高管理人员等组成。这两种案件处理决定的方式都是采取了调查权和处理权相分离的原则，以最大程度地保障案件调查的公正性。

一份完整的案件调查报告应当包括被调查的当事人基本信息、案件调查背景（例如接到举报或审计发现问题等）、当事人违法违规行为事实及证据、处理建议及处理依据等内容，一些公司在实践中还会把风险防控建议也写进调查报告。以下是一份案件调查报告，可以在实际工作中作为参考。

关于采购经理张××索贿受贿一案的调查报告

根据公司20××年××月××日作出的"关于对采购经理张××涉嫌索贿受贿问题进行内部调查立项的决定"，廉洁合规部于20××年××月××日成立调查小组并开展该案件的调查工作。调查小组由廉洁合规部×××担任组长，×××、×××和×××担任调查组成员，经过为期××的调查取证，现已查明采购经理张××索贿受贿的事实，并出具如下案件调查报告：

一、当事人基本信息

被调查对象为张××，男，19××年××月××日出生于××省××市，身份证号码为×××××××××××××××××××，××族，××学历。20××年与我司签订劳动合同，担任采购经理一职，合同期限×年。

二、案件调查背景

2022年11月9日，我司举报邮箱jubao@××××.com收到主题为"举报采购经理张××索要好处费"的举报邮件，举报人为我司供应商××××公司的法人×××，举报我司采购经理张××于2022年8月向其索贿并受贿10万元，2022年10月向其索贿50万元未遂。举报人随举报邮件提供了相关证据两份，一份为×××向张××提供的银行账户转账10万元的截图，一份为张××向×××索要50万元的录音文件。经廉洁合规部对举报线索初步调查，判断其具有真实性，遂根据我司"××公司内部调查立项制度"，对采购经理张××涉嫌索贿受贿一案进行内部调查立项，并开展案件调查。

三、当事人违法违规行为事实及证据

经调查：

1.2022年8月××日，采购经理张××，在××设备采购项目中，利用引进供应商的职权便利，向供应商××××公司法人×××索要10万元，并承诺其可与我司签订××设备采购合同，张××提供其妻子×××的××银行账号×××××××××××××××××作为收款账户，2022年8月××日，××××公司法人×××通过其本人的××银行账号××××××××××××××××××向张××妻子的账户转账10万元。2022年8月××日，我司与××××公司签订"采购协议"。

2.2022年10月××日，采购经理张××利用提起尾款支付流程的职权便利，以给好处才能支付尾款的名义向××××法人×××索贿50万元，×××未同意。

证明上述事实的证据有：

1. 张××与我司签订的劳动合同、张××入职时填写的员工档案；

2. ××××公司与我司签订的"采购协议"、我司向该公司支付款项的转账凭证、该公司向我司开具的发票；

3. ××××公司法人×××提供的10万元转账凭证；

4. ××××公司法人×××提供的索贿50万元录音文件；

5. 调查小组与张××的谈话笔录；

6. 调查小组与××××公司法人×××的谈话笔录。

四、处理建议及处理依据

1. 根据我司"员工手册""反腐败制度"的有关员工

受贿的规定，以及与张××签署的"廉洁承诺书"，张××收受供应商贿赂的行为违反了公司关于反腐败的制度规定，可以按照制度及协议与张××解除劳动合同。

2. 根据《中华人民共和国刑法》第 163 条规定："公司、企业或者其他单位的工作人员，利用职务上的便利，索取他人财物或者非法收受他人财物，为他人谋取利益，数额较大的，处三年以下有期徒刑或者拘役，并处罚金；数额巨大或者有其他严重情节的，处三年以上十年以下有期徒刑，并处罚金；数额特别巨大或者有其他特别严重情节的，处十年以上有期徒刑或者无期徒刑，并处罚金。"张××利用在我司担任采购经理的职务便利收受供应商贿赂 10 万元，并帮助该供应商与我司签订采购协议，涉嫌违反了该条的规定。

综上，张××违反我司"员工手册""反腐败制度"，违反"廉洁承诺书"约定，涉嫌违反《中华人民共和国刑法》，建议与张××解除劳动合同，并依法移送公安机关处理。

以上，请领导批示。

××公司廉洁合规部

××××年××月××日

案件调查报告在制作中需要秉持客观、全面、细致的原则，不能夹杂个人的主观判断，这是案件调查报告的基本要求。同时，案件调查报告应当最大限度地缩小知情范围，调查报告知情人也应当按照公司相关制度要求保密。

案件调查结束后的处理包括对涉案员工的内部处理或司法移送，涉及外部人员或单位的还包括了涉案外部人员或单位的处理。

第一，涉案员工的内部处理。

涉案员工的内部处理包括两种情况：一种是对虽有违反法律的事实，但不构成刑事犯罪的员工进行处理；另一种是对涉嫌构成刑事犯罪的员工进行处理。不论是哪种情况，在对涉案员工进行内部处理时，需要依照劳动法、劳动合同、与员工签署的廉洁承诺书、公司员工手册及相关制度等对涉案员工作出警告、记过、调岗、降职、降薪、解除劳动合同等处理，处理决定和处理流程必须合法合规。

第二，涉案员工的司法移送处理。

对于涉嫌构成刑事犯罪的员工进行司法移送处理时，首先需要明确案件涉及什么罪名，才能确定向哪个行政机关或司法机关报案。对于民营企业来说，常见的案件类型有职务侵占、非国家工作人员受贿、挪用资金等，这些案件都属于经济犯罪侦查机构的管辖范围，民营企业内部的腐败案件，一般由各级公安机关内设的经济犯罪侦查机构负责侦查办理。

根据《中华人民共和国刑法》第 163 条【非国家工作人员受贿罪】规定，公司、企业或者其他单位的工作人员，利用职务上的便利，索取他人财物或者非法收受他人财物，为他人谋取利益，数额较大的，处 3 年以下有期徒刑或者拘役，并处罚金；数额巨大或者有其他严重情节的，处 3 年以上 10 年以下有期徒刑，并处罚金；数额特别巨大或者有其他特别严重情节的，处 10 年以上有期徒刑或者无期徒刑，并处罚金。

根据《中华人民共和国刑法》第 271 条【职务侵占罪】规定，公司、企业或者其他单位的工作人员，利用职务上的便利，将本单位财物非法占为己有，数额较大的，处 3 年以下有期徒刑或者拘役，并处罚金；数额巨大的，处 3 年以上 10 年以下有期徒刑，并处罚金；数额特别巨大的，处 10 年以上有期徒刑或者无期徒刑，并处罚金。

根据《中华人民共和国刑法》第 272 条【挪用资金罪】规定，公司、企业或者其他单位的工作人员，利用职务上的便利，挪用本单位资金归个人使用或者借贷给他人，数额较大、超过 3 个月未还的，或者虽未超过 3 个月，但数额较大、进行营利活动的，或者进行非法活动的，处 3 年以下有期徒刑或者拘役；挪用本单位资金数额巨大的，处 3 年以上 7 年以下有期徒刑；数额特别巨大的，处 7 年以上有期徒刑。

明确了案件性质，在向公安机关报案的时候还需要考虑向何地的公安机关报案。根据《公安机关办理刑事案件程序规定》，刑事案件由犯罪地的公安机关管辖。如果由犯罪嫌疑人居住地的公安机关管辖更为适宜，可以由犯罪嫌疑人居住地的公安机关管辖。

《公安机关办理刑事案件程序规定》第 15 条规定，刑事案件由犯罪地的公安机关管辖。如果由犯罪嫌疑人居住地的公安机关管辖更为适宜的，可以由犯罪嫌疑人居住地的公安机关管辖。法律、司法解释或者其他规范性文件对有关犯罪案件的管辖作出特别规定的，从其规定。《公安机关办理刑事案件程序规定》第 16 条规定，犯罪地包括犯罪行为发生地和犯罪结果发生地。犯罪行为发生地，包括犯罪行为的实施地以及预备地、开始地、途经地、结束地等与犯罪行为有关的地点；犯罪行为有连续、持续或者继续状态的，犯罪行为连续、持续或者继续实施的地方都属于犯罪行为发生地。犯罪结果发生地，包括犯罪对象被侵害地、犯罪所得的实际取得地、藏匿地、转移地、使用地、销售地。居住地包括户籍所在地、经常居住地。经常居住地是指公民离开户籍所在地最后连续居住一年以上的地方，但住院就医的除外。单位登记的住所地为其居住地。主要营业地或者主要办事机构所在地与登记的住所地不一致的，主要营业地或者主要办事机构所在地为其居住地。

在向公安机关正式报案前，需要准备报案材料，各地公安机关的报案材料有所差异，可以在正式报案前向当地的公安机关询问了解。报案材料一般包括以下内容。

● 报案人身份证明材料：营业执照原件及复印件；公司法定代表人授权委托书；受委托人的身份证等证明文件；

● 报案说明材料：说明案件基本情况，包括时间、地点、过程、后果、涉案企业和人员，报案材料加盖公司公章、报案人签名；

● 案件归属管辖说明：公司注册地和实际办公地；

● 案件当事人材料：劳动关系证明（劳动合同）；当事人薪资证明；

● 基本证据材料：证据材料原件和复印件，复印件需注明"本复印件由本公司提供，与原件相同"，注明日期，签字盖章；

● 其他情况：如果已经提起诉讼、仲裁等，应在报案时说明；

● 其他材料：便于公安机关了解公司、行业、业务、人员关系等的介绍材料。

第三，涉案外部人员或单位的处理。

对涉案外部人员或单位的处理包括依据签订的合同或反商业贿赂协议解除合作关系并要求赔偿因此造成的经济损失，以及根据相关法律规定对涉案外部人员或单位追究法律责任。

根据《中华人民共和国刑法》第 164 条【对非国家工作人员行贿罪】规定，为谋取不正当利益，给予公司、企业或者其他单位的工作人员以财物，数额较大的，处 3 年以下有期徒刑或者拘役，并处罚金；数额巨大的，处 3 年以上 10 年以下有期徒刑，并处罚金。

根据《中华人民共和国刑法》第 223 条【串通投标罪】规定，投标人相互串通投标报价，损害招标人或者其他投标人利益，情节严重的，处 3 年以下有期徒刑或者拘役，并处或者单处罚金。

根据《中华人民共和国反不正当竞争法》第 7 条规定，经营者不得采用财物或者其他手段贿赂下列单位或者个人，以谋取交易机会或者竞争优势：（1）交易相对方的工作人员；（2）受交易相对方委托办理相关事务的单位或者个人；（3）利用职权或者影响力影响交易的单位或者个人。经营者在交易活动中，可以以明示方式向交易相对方支付折扣，或者向中间人支付佣金。经营者向交易相对方支付折扣、向中间人支付佣金的，应当如实入账。接受折扣、佣金的经营者也应当如实入账。经营者的工作人员进行贿赂的，应当认定为经营者的行为；但是，经营者有证据证明该工作人员的行为与为经营者谋取交易机会或者竞争优势无关的除外。根据《中华人民共和国反不正当竞争法》第 19 条规定，经营者违反本法第 7 条规定贿赂他人的，由监督检查部门没收违法所得，处 10 万元以上 300 万元以下的罚款。情节严重的，吊销营业执照。

不论是对公司内部员工的处理，还是对外部人员和单位的处理，必须以客观事实为依据，以法律法规和公司与相关方签署的协议为依据，确保对案件相关方的处理过程合法合规。我们也通过媒体和网络途径看到，很多企业在内部调查结束后会通过企业自己的官方渠道对外披露案件查处的有关信息，不论是在企业内部通报，还是对外披露，相关信息需要经过当事人的书面同意，可以是事前通过合同或承诺书的形式由当事人（单位）签字（盖章）同意，也可以是事后以处理决定书或其他协议的形式由当事人（单位）签字（盖章）同意。

第四节　调查员胜任力要求与从业规范

案件调查过程中的发现线索、线索研判、调查立项、证据获取、当事人访谈、调查报告编写和案件处理等环节，无一不对调查员的胜任能力提出了极高的要求。这种胜任能力一方面来自对调查员调查专业技能的要求，另一方面来自调查工作所需的价值观、知识与综合能力。

为了总结出一个人为在职位上取得杰出绩效而必须具备的杰出素质①，人力资源领域提出了"胜任力模型（或称胜任素质模型）"的概念。胜任力模型列出了员工为圆满完成相应职位的工作而必须具备的知识与技能、社会角色与自我形象、品质与动机。知识指个人在某一特定领域拥有的事实型与经验型信息，技能指结构化地运用知识完成某项具体工作的能力，社会角色指一个人展现给他人的形象，自我形象是一个人对自己的看法与评价，品质指个人对环境与各种信息所表现出来的持续而稳定的行为特征，动机指在一个特定领域的自然而持续的想法和偏好，它们将驱动、引导和决定一个人的外在行动。这些要素为个人能否胜任某个岗位提供了可测量甚至可预测的指标，也代表了个人能做什么（知识与技能）、想做什么（社会角色与自我形象）和为什么做（品质与动机）的内在特质的组合。

构建胜任力模型一般采用演绎法、归纳法或两者相结合

---

① 加里·德斯勒. 人力资源管理：第 14 版. 北京：中国人民大学出版社，2017：7.

的方式。演绎法就是从一般性的前提出发，通过推导得出具体陈述或个别结论的过程。在胜任力模型构建的场景中应用演绎法，就是以企业的使命愿景、战略目标、企业文化、岗位职责等为导向，推导出目标群体的胜任素质。归纳法是一种由个别到一般的推理，由一定程度的关于个别事物的观点过渡到范围较大的观点，由特殊具体的事例推导出一般原理、原则的解释方法。在胜任力模型构建的场景中应用归纳法，就是通过调研或访谈等方式，对比同一岗位上高绩效人员与一般绩效人员的行为表现，挖掘归纳高绩效人员所需的胜任素质。由于归纳和演绎互相联系、互相补充，在实践中，一般将两种方法结合使用。

调查员胜任力模型的构建一般需要经过四步：第一步通过公司战略目标岗位职责提炼胜任力指标，第二步通过行为事件访谈挖掘高绩效胜任力指标，第三步对获取的胜任力指标进行维度的划分和归纳总结，第四步需要确定胜任素质各个维度、各项指标的分级和权重。由于公司之间行业的差异、战略的差异、文化的差异、岗位职责的差异、调研访谈对象的差异等，不同公司的调查员胜任力模型也会存在一定的差异。总体来看，调查员的胜任素质还是具有较高的共通性。表5-2给出的调查员胜任力通用模型可以在实践中作为参考。

表5-2 调查员胜任力通用模型表

维度	指标	含义	分级
品质	廉洁自律	洁身自好，自觉遵守法律法规和企业制度	1级：自觉遵守法律法规、企业制度，无违法违规行为； 2级：始终保持警觉，避免工作和生活中出现违法违规倾向； 3级：时刻审视自己的思想和言行，敢于接受监督，将廉洁自律内化于心
	正直诚信	坚持正道，言行一致，信守承诺	1级：不做表面功夫，行事坦荡磊落； 2级：不因为恐吓、威胁或利诱而作出违背原则的事情； 3级：时刻提醒自己作出的承诺要竭尽全力来实现
	抗压能力	在外界压力下能够坚守本心，付诸行动实现目标	1级：能够直面压力，不因压力的出现自暴自弃； 2级：面对压力时能够借助合理的方式缓解压力，并有条不紊地完成任务； 3级：不仅自己能够承受压力，还能帮助他人处理压力
动机	公平公正	维护企业、个人的权利公平、过程公平和结果公平	1级：以事实为依据，客观表达自己的观点； 2级：工作中坚持原则，维护调查工作的权威形象； 3级：遵守职业道德，公平对待所有相关人员
	价值创造	履行岗位职责，实现岗位目标，促进公司战略目标的实现	1级：认同调查工作的价值，准确把握调查工作的定位； 2级：为了企业的正常经营，主动发挥调查职能的作用； 3级：推动调查工作与企业经营管理相融合，促进企业经营目标的实现

续表

维度	指标	含义	分级
动机	追求卓越	用积极的行动争取达到最优状态、实现最优目标	1级：不满足于现有业绩，希望工作更加出色； 2级：采取有效方法提升工作效率，实现更高的绩效目标； 3级：全面发挥自身优势，调用一切资源，以期完美实现目标
社会角色	承担责任	愿意对公司承担责任，并对自己的行为负责	1级：在职责范围内承担相应的责任； 2级：从企业利益出发，积极承担责任并履行义务； 3级：深感从事的审计监察工作责任重大，具有强烈的担当精神
	执行能力	为确保目标的达成，能够高效率执行计划、取得结果	1级：工作积极主动，能够独立完成工作任务； 2级：能够将模糊的目标转化为具体可执行的计划和方案，并积极执行； 3级：根据企业战略目标，自我设定目标、制订计划、取得结果
	保密意识	重视工作的保密性	1级：了解公司的保密要求，重视自己岗位的保密工作； 2级：严格遵守保密规定，养成保密的行为习惯； 3.熟悉保密要求，及时发现、制止、纠正不符合保密要求的行为
自我形象	细致严谨	对待工作严肃谨慎、细致周密	1级：严格自我要求，按照流程标准处理工作； 2级：全面关注工作细节，极少出现错误或过失； 3级：能够对风险进行预判，采取措施预防意外的发生

续表

维度	指标	含义	分级
自我形象	沉着冷静	能够冷静应对环境的变动或突发情况的出现	1级：遇到问题不慌张，处理问题不冒进； 2级：临危不乱，遇到突发情况能够采取有效应对措施； 3级：遇到复杂问题，能够快速理清思路并妥善解决问题
	影响他人	说服或影响他人接受某一观点、推动某一项工作、领导某次项目	1级：能够运用合适的言行获取他人的支持； 2级：能够预期他人的反应，采取合理方式促成其思想和行动的转变； 3级：具有人格魅力和领导风范，能够采取多元化策略影响结果的发生
知识	法律法规	法律法规相关的专业知识	1级：了解企业内部调查工作相关的法律法规； 2级：掌握企业内部调查工作相关的法律法规； 3级：精通企业内部调查工作相关的法律法规
	经营管理	公司经营过程中所需的管理相关的专业知识	1级：了解企业战略决策、投资管理、人力资源等企业管理知识； 2级：掌握公司各业务流程、任务目标、绩效指标等信息； 3级：能够根据掌握的信息发现问题并提出管控建议
	财务审计	公司财务管理、审计监察等专业知识	1级：了解与财务、审计相关的专业知识； 2级：能够对财务报表、审计报告等文件进行分析； 3级：精通财务、审计相关专业知识，能够发现问题

续表

维度	指标	含义	分级
技能	线索研判	获取线索、分析线索、研判线索真实性的能力	1级：能够对举报线索进行有效甄别，判断线索的有效性； 2级：能够对多种途径的线索进行甄别研判； 3：具有线索敏锐性，能够主动挖掘线索，同时在案件调查中发掘更多线索
	调查取证	为了查明案件事实，向有关单位、个人进行调查收集证据的能力	1级：熟知证据的种类，能够按照要求获取证据； 2级：能够灵活运用收集证据的方法，并确保证据的有效性； 3级：能够主动规划调查取证计划，并根据证据的获取情况不断调整策略，推动案件调查工作的开展
	谈话沟通	为了获取案件信息，向有关人员提问和倾听并作出适当反应的能力	1级：能够按照谈话提纲完成与相关人员的谈话，并获取有效信息； 2级：能够针对谈话对象的差异采取不同的谈话策略，获取对方信任； 3级：能够独立制订谈话计划，综合运用谈话技巧实现既定谈话目标

作为一类管理工具，胜任力模型并不是一成不变的，而是应该不断变化发展的。外部环境是不断改变的，一个活跃组织本身也会不断地发展与进步。为适应发展趋势，胜任力模型也应处于常态化更新升级状态中。[①]

胜任力模型中同一指标的不同分级代表着对调查员在该

① 乔伟.B公司纪检监察人员胜任力模型的构建及其在人员培养中的应用研究.对外经济贸易大学，2021.

项指标上的评价，对于调查员来说，如果对某项指标的评价未能达到岗位要求的等级，就需要通过学习和训练在该项指标上不断精进以达到胜任岗位要求。对于企业来说，调查员胜任力模型一方面可以作为筛选调查人才的模型工具，另一方面还可以为调查员的培养提供关键指标。

一般来说，品质、动机和性格对于成年人来说难以改变，如果不具有高尚的道德品质和对公平正义的追求，即便具备优秀的学识和丰富的经验，也难以胜任企业内部调查的工作。所以很多企业在调查员的选拔和培养过程中最为看重品质、动机和性格，至于与调查相关的专业知识和技能可以通过系统地学习或传帮带的方式进行培养。

从事企业内部调查，一方面要具备多方面的能力，另一方面还要特别关注企业内部调查的从业规范，所有的调查动作都要在取得公司授权的前提下，在法律许可的范围内开展。从业规范一般包括以下几个方面。

第一，取证过程必须合法合规，有条件的应当录音录像。

以非法或不正当手段取得的证据不具有合法性，这就要求调查取证的过程必须合法合规，以避免获取的证据因为瑕疵问题不能转化为合法证据。例如严禁以暴力、威胁、引诱、欺骗等非法方式收集证据，严禁未经允许进入当事人私人住所或其他形式的私人场所进行调查取证，严禁通过监视、尾随等非法手段收集证据，这些非法获取证据的方式都可能构成犯罪。对任何取证的过程都建议全程录音录像，以避免意外情况的发生。

第二，对个人信息相关的取证，应取得当事人的同意。

员工个人的手机、电脑、平板等电子设备中储存的信息，以及公司配发的电子设备中储存的员工个人的微信、邮件、文件、转账记录等信息，除另有特殊约定外，一般属于个人信息和隐私的范畴。企业内部调查过程中要获取这类信息，必须取得员工本人的同意，且检查的范围必须在与案件调查相关的有限范围内，以避免侵犯个人隐私或个人信息。

在实践中，可以采取诸多措施防范此类风险，例如建立完善的 IT 制度以确认公司配发的电子设备的所有权和使用限制，建立个人信息相关的证据保密制度，与当事人签署调取电子设备信息的同意函，聘请第三方专业机构对电子设备中的信息制作镜像并通过关键词检索，对电子设备的取证过程全程录音录像等。

第三，调查过程的所有环节，应当尊重当事人的权利和诉求。

企业内部调查不同于执法机关的调查，不属于公权力行使的范畴，调查部门没有任何可以限制当事人人身自由的权力。需要当事人配合调查和谈话的，应当在工作时间进行，并且不能影响当事人正常的吃饭和休息，谈话过程中当事人有喝水、上厕所的诉求的，也应当同意，避免涉嫌构成非法拘禁的法律风险。

第四，案件造成公司损失，要求当事人退赔的，应当以法律、制度和事实为依据。

大多数案件都会造成公司不同程度的损失，其中经济损失是最直接的表现形式。在案件被查清且员工认可的前提下，企业要求员工赔偿损失的，应当以法律、制度、协议和事实为依据，友好协商，协商不成的，可以提起民事诉讼。但是任何以解除劳动合同、移送司法、对外公告等理由逼迫当事人退赔明显高于应当承担赔偿责任限度的钱款，都可能涉嫌敲诈勒索，任何情况下都不能有胁迫、逼迫当事人的行为。

当然，以上几点不能完全涵盖企业内部调查过程中需要遵守的规范，但是所有的从业规范都只有一个核心要求，那就是合法合规。合法合规的调查不仅是对调查员自身的保护，也是对企业的保护，避免调查员由于调查工作的开展陷入法律纠纷，避免企业由于授权开展调查陷入因侵权被索赔的情境。

第六章　廉洁合规数字化能力建设与体系有效性评估、改进

　　廉洁合规的数字化应用是近几年关注度非常高的话题之一。数字化能够有效提高企业合规工作的质量和效率，企业的数字化也需要合法合规，两者在特定的场景下也有着密不可分的关系。利用机器学习、自然语言处理、交互式可视化平台等前沿技术，企业合规数字化可以帮助企业更有效地识别风险、管控风险和处理风险，实现合规治理的专业化、标准化、程序化和精细化。

　　在廉洁合规领域实现数字化应用同样面临着不小的挑战，如果企业没有数据中台做支撑的话，技术应用也难以实现，就像即使厨具再完备，没有必要的食材作为基础，也难以作出可口的饭菜。数据中台的建设意味着企业各个职能已经开始数字化转型或者具备数字化的基础，例如人力资源系统的

部署、合同档案系统的部署、财务系统的部署、审批流程的线上化、业务流程的线上化等背后的底层数据经过结构化处理集中存储于数据中台，以此为基础开展廉洁合规数字化就有了数据基础。

对于国内的诸多传统实体企业来说，不论是缺少底层数据还是没有形成数据中台或数据库，廉洁合规数字化都难以起步，而互联网或技术公司因其天然的行业属性，先天具备开展廉洁合规数字化的优势条件。但是，不论是否开展廉洁合规管理数字化建设，都不影响企业廉洁合规管理体系建设的完整性和必要性，对于企业廉洁合规管理来说，数字化不是必选项，而是加分项。

对于任何行业的企业，数字化是开展廉洁合规管理体系建设的选修课，但廉洁合规管理体系建设初步完成后是否能够运行且产生实质效果是企业需要更加关心的必修课，也是衡量廉洁合规管理体系建设目标是否实现的必要之环，即企业合规管理的有效性评估。

廉洁合规管理有效性评估对于企业内部来说，要关注合规管理的预期目标是否实现、合规管理体系运行的效率与成本，对于第三方审查机构或执法机构来说，它们还可能关注企业廉洁合规管理体系的运行效果与开展廉洁合规工作留下的记录，这将成为企业在发生合规风险事件后提出抗辩的尽责依据。

　　ISO 37301：2021《合规管理体系　要求及使用指南》在"9.2内部审核"部分提出："组织应按照策划的时间间隔进行内部审核，以提供有关合规管理体系的下列信息：a.是否符合组织自身对其合规管理体系的要求和本标准的要求；b.是否得到有效实施和保持。"

　　ISO 37301：2021《合规管理体系　要求及使用指南》在"9.3管理评审"部分提出："治理机构和最高管理层应按照策划的时间间隔，对组织的合规管理体系进行评审，以确保其持续的适宜性、充分性和有效性。"

　　由 ISO 37301：2021《合规管理体系　要求及使用指南》等同转换后成为国标的 GB/T 35770—2022《合规管理体系　要求及使用指南》中，在"9.2内部审核"和"9.3管理评审"作出了同样的表述。不论是内部审核还是外部审核，其实质就是要求企业对合规管理体系进行有效性评估，合规管理体系建设不能只是花架子，而要切实发挥作用。

　　对于中央企业来说，合规管理体系的有效性还要受到监督问责。《中央企业合规管理办法》第七章"监督问责"部分对此作出了具体表述。《中央企业合规管理办法》第37条规定，中央企业违反本办法规定，因合规管理不到位引发违规行为的，国资委可以约谈相关企业并责成整改；造成损失或者不良影响的，国资委根据相关规定开展责任追究。《中央企业合规管理办法》第38条规定，中央企业应当对在履职过程中因故意或者重大过失应当发现而未发现违规问题，或者发现违规问题存在失职渎职行为，给企业造成损失或者不良影响的单位和人员开展责任追究。

思考：

1. 如何评估企业是否具备廉洁合规数字化能力？

2. 企业廉洁合规数字化建设要解决的核心问题是什么？

3. 如何评估企业廉洁合规体系的有效性？

4. 企业廉洁合规工作何时结束？

第一节　廉洁合规的数据与技术应用

数据与技术应用没有在 ISO 37301：2021《合规管理体系要求及使用指南》中被明确提出，但《中央企业合规管理办法》第六章"信息化建设"部分第 33 条至第 36 条明确提出中央企业应当加强合规管理信息化建设，结合实际将合规制度、典型案例、合规培训、违规行为记录等纳入信息系统（第 33 条）。中央企业应当定期梳理业务流程，查找合规风险点，运用信息化手段将合规要求和防控措施嵌入流程，针对关键节点加强合规审查，强化过程管控（第 34 条）。中央企业应当加强合规管理信息系统与财务、投资、采购等其他信息系统的互联互通，实现数据共用共享（第 35 条）。中央企业应当利用大数据等技术，加强对重点领域、关键节点的实时动态监测，实现合规风险即时预警、快速处置（第36条）。

对于民营企业来说，如果有能力、有条件开展廉洁合规管理体系数字化建设，数字化仍然是开展廉洁合规管理体系建设中的重要环节。在企业廉洁合规管理数字化实践中，信息管理系统、案件管理系统、数据分析系统、风险预警系统等已经在诸多企业收获了良好的效果，甚至已经有很多企业将多个系统功能模块集成于统一的廉洁合规管理数字化平台，通过平台实现了各个系统的协同。

信息管理系统是将廉洁合规制度、典型案例、培训课程及培训记录等多维度的信息通过系统的方式进行管理，员工可以通过可视化的系统界面进行制度浏览、课程学习、案例获取、廉洁报备等操作。对于廉洁合规部门来说，还可以通过该系统管理部门的工作数据、部门档案、风险信息库、项目进度等，实现廉洁合规工作留痕。

案件管理系统一般仅限调查员或有相关权限的管理人员使用，该系统集成了线索信息、线索研判、立项报告、调查小组信息、案件当事人信息、案件证据、谈话记录、调查报告、处理结果等全流程工作模块，每个工作环节的责任人、时间进度等信息在该系统中都有相应记录，一方面便于案件的管理，另一方面便于事后的追溯。

数据分析系统对于调查人员来说能够极大提高工作效率。

当面对海量的业务数据、财务数据、合同数据、人力资源数据等种类繁多的数据时，人工查找、识别、发现、关联等工作都会耗费大量的人力和时间成本，而通过数据分析系统的智能化分析工具对提取的关联数据进行分析，效率能够极大地提高，完全依赖人工需要三天的数据分析工作，通过该系统只需几分钟便可实现，而且数据的精准度和可靠度更高。

风险预警系统对于风险的防控来说至关重要，人力难以24小时紧盯所有需要关注的可能发生异常的数据和流程节点，但是系统可以轻松做到。其中的关键是全量的结构化数据基础与风险模型的构建，通过对风险事件提取指标并设定阈值，构建出多个场景的风险预警模型，再接入实时的系统数据，当模型中的指标出现异常时，就可以采用系统自动化或人工干预的方式及时处理。

廉洁合规管理体系的数字化不仅体现在系统的搭建，还体现在前沿技术的应用，例如通过 AI 工具快速识别并抓取图片中的文字信息，通过专业的取证工具进行电子证据的获取等。不论是系统的搭建，还是前沿技术的应用，其背后都是企业本身的数字化能力。系统和工具可以通过第三方获取服务，但是底层的数据则依赖企业自身的布局和积累。

信息管理系统和案件管理系统对数据的要求不高，对于大部分的数据可以采用系统开发完成后人工录入的方式，如果有较好的数据基础，可以直接在数据库调取关联字段的数据。而数据分析系统和风险预警系统对数据质量的要求较高，在实际的开发应用上可以联动公司的研发团队通过以下步骤实现（参见图 6‑1）。

图 6‑1　廉洁合规数字化应用流程

一、设计分析方案

基于腐败风险评估确定的优先级反腐方案找到相关的数据源，并评估数据源的可采集性和可使用性，如果可采集且可使用，就可以基于数据源和系统功能需求设计系统方案。

二、收集数据

如果公司有数据中台或数据库，可以直接调取系统所需的数据。没有数据中台或数据库的话，就需要向相关方收集数据，收集数据要经过提取、转换和验证，以确保最终输出的结果对于系统应用的目标结果有实际意义，并确保这个过程合法合规。

三、运用分析技术

在系统开发完成后需要经过多次测试才能正式投入使用，不论是测试过程还是正式使用的过程，在对数据进行分析的过程中，需要根据数据质量和测试结果进行不断的优化，确保系统输出结果的准确性和相关性。

四、向相关方提交分析结果

在系统的正式应用中，如果通过系统分析技术获得了预警线索或分析结果，发现了潜在的风险事件，则需要按照公司的相关制度将相关信息提交给调查小组。系统的分析结果还可以被应用到腐败风险评估中，这可能对腐败风险治理的优先级产生影响。

五、采取纠正措施

系统的正式应用并不意味着数据和技术应用工作已经结束，不论是系统的开发还是数据的维护都是一个持续往复和不断优化的过程，应用的次数越多，系统的优化越频繁，分析模型输出的结果往往也会更加精确。

当然，廉洁合规管理体系的数字化应用还有其他不同形式的创新与探索，但无一不是为廉洁合规管理体系的总体目标服务的，其核心是提升效率和输出有效线索。

第二节　企业廉洁合规管理体系有效性评估

包括数字化应用在内，组织设计、制度建设、文化落地、风险评估、风险防控、案件调查等诸多环节都是为企业廉洁合规目标服务的，在开展一系列的工作后，需要对每个环节的运行情况作回顾，判断合规管理体系发挥的实际作用，也就是对企业廉洁合规管理体系进行有效性评估。

合规管理体系的有效性评估一般包括设计的有效性、运行的有效性和实践效果的有效性三个方面。合规管理体系设计的有效性是指实现合规管理目标所必需的程序都存在且设计恰当，能够为合规管理目标的实现提供保障。对设计的有效性与否可以从合规管理体系要素是否完整、是否覆盖了所有关键业务与环节，是否对董事会、监事会、管理层和员工具有普遍约束力，是否与企业自身的行业特点、业务模式及监管要求相匹配等诸多方面来考量。合规管理体系运行的有效性是指合规管理能够按照设计的管理程序正确地执行，从而为合规管理目标的实现提供保障，运行的有效性可以从管理层对合规工作的支持程度、制度要求是否得到持续运行、合规人员是否具备匹配的权限和能力、奖惩激励机制的落实情况等诸多方面来考量。实践效果的有效性是指合规管理体系能够及时有效地发现违规行为，对违规行为进行预防和控制，对未能防控的违规行为能够采取有效的事后措施进行妥善处理，并以此为依据不断完善合规管理体系的薄弱环节。[①]

有效性评估在流程上一般包括评估小组的组建与培训、文件收集与审阅、现场检查与记录、信息分析与评估、报告编写与校对等环节。

一、评估小组的组建与培训

对廉洁合规管理体系进行有效性评估可以由公司内部组建的评估小组进行，也可以聘请三方机构进行。公司内部组建的评估小组一般由董事、监事或高级管理人员牵头，廉洁合规部门及其他相关部门指派专人参与，以保证评估过程的全面性和客观性，获取其他部门的有效支持。评估小组成立后，应由牵头人会同小组成员制订评估方案，明确评估的目的、范围、内容、进度、要求和分工等内容，同时对小组成员进行必要的评估培训，以保证评估工作的专业和高效。

二、文件收集与审阅

在评估小组进场开展评估工作的初期，一般需要先收集

---

① 郭凌晨，丁继华，王志乐．企业合规管理体系有效性评估．北京：企业管理出版社，2021：10.

和审阅与廉洁合规管理体系相关的制度文件、执行记录和相关报告等文件，一方面是检查文件及文件内容是否完备，另一方面是通过相关记录来检查制度文件是否得到有效执行。文件的收集需要经过必要的内部流程，确保收集过程合法合规。对于涉及商业秘密和个人隐私相关的信息，应按照公司相关制度采取必要的保密措施。

三、现场检查与记录

现场检查与文件审阅同样重要，两者交叉印证能够提高信息的可信度。现场检查可以通过实地查看、调阅资料、人员访谈等形式进行，并做好客观记录。其中实地查看和调阅资料侧重于制度的执行情况和机制的落实情况，人员访谈侧重于受访者对廉洁合规的认知、感受、行为、建议等方面，访谈对象的选择也应具有广泛代表性，能够覆盖到各职级、各部门、各业务单元。

四、信息分析与评估

将通过文件收集与现场检查获取的信息进行指标化梳理，形成廉洁合规管理体系指标信息清单，并对照廉洁合规管理体系的设计目标和标准框架要求（例如 ISO 37301：2021《合规管理体系 要求及使用指南》《中央企业合规管理办法》等文件）进行评估，找出其中是否有缺失或差距，并提出改进建议。

五、报告编写与审核

结合开展廉洁合规管理体系评估方案的框架，将评估结果形成廉洁合规管理体系评估报告。评估报告应包括评估范围、评估标准、评估指标、评估结果、评估建议等内容，并经过相关部门的审核，综合各方建议形成最终的评估报告。

表6-1给出了企业廉洁合规管理体系有效性评估的通用指标清单，企业在开展体系有效性评估的工作中可以作为参考使用。这份表单因其通用性而不能涵盖具体企业的所有评估指标，在实践中可以根据企业的实际情况进行调整和增删。

表6-1　企业廉洁合规管理体系有效性评估的通用指标清单

评估维度	评估指标	评估要点
组织体系的健全性	廉洁合规组织结构	组织结构设计是否科学合理； 是否设置专职的廉洁合规负责人； 是否能与其他职能协同； 是否能够指导和支持业务部门
	廉洁合规专职部门	是否设置廉洁合规专职部门； 部门是否具有独立性和专业性； 部门是否有明确的职责范围和工作目标； 是否有规范的部门工作流程或工作手册
	廉洁合规岗位设置	岗位设置是否科学合理； 岗位职责划分是否清晰明确； 岗位要求与人员的素质是否匹配； 各岗位间是否能够形成联动配合

续表

评估维度	评估指标	评估要点
组织体系的健全性	廉洁合规授权监督	廉洁合规工作是否取得公司的充分授权； 是否形成了定期的廉洁合规工作汇报机制； 廉洁合规工作是否受到监督； 廉洁合规工作是否能够与各业务单元或部门形成协同
	廉洁合规资源保障	公司董事会、监事会及高级管理人员是否一致支持廉洁合规工作的开展； 公司是否为廉洁合规工作提供充足的预算； 公司是否为廉洁合规工作提供了充分的人力资源支持
制度体系的规范性	廉洁合规制度制定	制度文件是否完备； 制度的制定是否经过法定的流程； 制度的内容是否完整、表达是否准确； 制度是否会进行定期或不定期的修订更新
	廉洁合规制度执行	制度是否已经送达全体员工； 是否通过恰当的方式向员工进行了制度的解读； 是否对部门或员工执行制度进行了相应的记录； 是否为专项制度制定了可操作的标准流程
运行机制的完备性	廉洁合规沟通机制	是否建立了廉洁合规联络机制； 员工是否能够有效执行廉洁合规要求； 是否能够有效获取各部门对廉洁合规工作的反馈； 员工对廉洁合规相关的问题是否能够得到及时明确的解答
	廉洁合规责任机制	各部门和员工是否承担了相应的廉洁合规责任； 是否制定了廉洁合规考核标准； 是否对照考核标准进行了考核； 违反廉洁合规要求的责任方是否被追责

续表

评估维度	评估指标	评估要点
运行机制的完备性	廉洁合规优化机制	是否建立了定期检查机制； 是否能够及时发现廉洁合规相关的问题或漏洞； 是否对问题或漏洞采取了补救或优化措施； 采取的补救或优化措施是否有效
廉洁文化的认同性	管理层廉洁合规承诺	管理层是否进行了廉洁合规承诺； 管理层是否积极参与廉洁合规工作； 管理层是否履行了廉洁合规承诺
	廉洁合规培训	是否制订并实施了廉洁合规培训计划； 是否开发了廉洁合规培训课程； 是否开展了常态化的廉洁合规培训； 是否配备了专业的廉洁合规讲师
	廉洁合规宣传	是否制订并实施了廉洁合规宣传计划； 是否制订了多样性的廉洁合规宣传方案； 是否建立了多种廉洁合规宣传渠道； 是否起到了廉洁合规宣传效果
	廉洁合规价值观认同	是否将廉洁合规纳入公司的核心价值观； 员工是否认同廉洁合规价值观； 员工是否能根据廉洁合规制度作出相应的行为； 员工是否能根据廉洁合规价值观作出正确的选择
风险防控的有效性	腐败风险识别	是否与各部门充分沟通潜在的腐败风险； 各部门是否充分了解自身潜在的腐败风险； 是否按照部门或流程建立了腐败风险库或风险地图； 是否会对腐败风险库或风险地图进行更新和维护

续表

评估维度	评估指标	评估要点
风险防控的有效性	内控措施部署	是否依据腐败风险库或风险地图策划了内控措施； 内控措施是否嵌入了部门工作流程或业务流程； 内控措施是否曾经发现了风险迹象或风险事件； 内控措施是否对风险的控制起到了作用
	数据和技术应用	是否将关键数据分析作为风险防控的常规动作； 是否在数据分析中发现过潜在风险； 是否应用新技术到风险防控工作； 数据分析方法和技术应用是否会优化更新
举报调查的专业性	投诉举报	是否建立了多渠道的投诉举报机制； 是否对举报信息进行及时处理； 是否具备线索研判的能力； 投诉举报是否能够得到反馈
	案件调查	是否建立了规范的案件调查流程； 是否建立了案件流转与管理机制； 是否能够开展专业有效的案件调查； 是否能够规范编写案件调查报告
	案件处理	是否建立了规范的案件处理流程； 是否能够联动相关部门对当事人进行合法合规的处理； 是否能够根据案件暴露出的问题提出整改建议
整改问责的落地性	具体事件的整改问责	风险事件发生后能够明确责任部门； 责任部门是否能够主动承担整改责任； 责任部门是否能够配合提出整改方案； 整改方案能够得到落实
	体系运行的整改问责	体系运行中发现的问题能否明确责任部门或责任人； 责任部门是否能够主动承担整改责任； 责任部门是否能够配合提出整改方案； 整改方案能够得到落实

第三节 企业廉洁合规管理体系优化与改进

企业廉洁合规管理体系建设绝不是一蹴而就的事情，需要长期的积累和不断地优化。在本书的第二章提到了廉洁合规管理体系建设的 PDCA 循环，并将廉洁合规管理体系建设分为四个阶段，即 Plan（计划）、Do（执行）、Check（检查）和 Act（处理），在 P 阶段分析企业廉洁合规工作现状、找出问题、确定目标、拟订方案、制订计划；在 D 阶段按照预定的方案和计划，根据已知的内外部信息，设计出具体的行动方案，进行布局和具体操作，以实现预期目标；在 C 阶段检查、评估方案是否有效，目标是否达成；在 A 阶段对已被证明的有成效的措施进行标准化，制定成工作标准，对发现的问题进行总结处理，转入下一个 PDCA 循环。

体系的有效性评估所对应的就是 Check（检查）阶段，对检查出的问题进行优化与改进对应的是 Act（处理）阶段，这样体系建设才形成了完整的闭环，并不断循环往复，日益精进与完善。需要优化与改进的问题一般有两类：一类是体系运行中发现的问题，例如举报发现的风险事件、风险防控机制未能有效识别或控制风险事件的发生；另一类是体系本身存在的问题或缺陷，例如由于外部环境或政策的变化，现有的体系已经不能满足企业应对风险的需求。

　　以上两类问题的出现并不一定意味着廉洁合规管理体系的总体无效，这些问题的暴露同时也给体系优化和管理改进工作指明了方向。对于体系运行中排查出的风险事件可以直接按照制度和流程进行处理，对于防控失效的问题则需要调整或制定新的防控措施，以避免同类风险事件的再次发生。对于调整或制定的新的防控措施，同样要评估其有效性，对于采取新的防控措施仍然不能防控风险发生的情况，可能需要对廉洁合规管理体系作出调整，其根本上还是为了体系建设目标的实现。

　　在体系优化与管理改进环节，核心的要素是发现问题与解决问题，具体包括识别问题、提出解决方案、上报问题与方案、方案的有效执行等程序，为了防止该环节流于形式，各个程序需要明确具体的责任人，例如发现问题后由谁负责统筹问题的解决、谁负责问题的核实、谁负责提出解决方案、谁负责上报、谁负责解决方案的执行，只有将责任人明确了，才能有效推动体系优化与管理改进的落地。

　　包括廉洁合规在内的合规管理体系总会产生持续改进的需求，这一方面是源于法律政策、监管要求等外部环境的变化，另一方面是源于企业战略的调整、廉洁合规目标的改变等内部因素的影响。不论是体系建设还是体系优化与管理改进，所作出的所有规划与行动都是为实现既定目标服务的。

在实现目标的过程中，还要兼顾衡量资源的投入，不断探索合理成本的投入以实现廉洁合规的目标，究其根本，廉洁合规还是要为企业的经营和发展服务的。

第四节　合规、内控、风控"一体化"

从本书所阐述的廉洁合规建设实务来看，廉洁合规所涉及的不仅是合规本身，还涉及与内控、风控、法务、监审等诸多体系与职能的交叉，由此也衍生出了将合规管理、内部控制、风险管理三者整合的"三位一体"理念，加上法务管理或审计监察的"四位一体"理念，以及将法务管理和监察审计一并整合的"五位一体"理念。伴随一体化理念提出与发展的还有"大合规"、"大风控"、"大内控"和"大监督"等概念，这些概念的提出是在一体化进程中将合规管理、内部控制、风险管理、法务管理和审计监察中的某一体系建设作为核心，同时开展其他几项体系建设工作，例如以合规管理为核心，整合进内部控制、风险管理、法务管理和审计监察职能，就是"五位一体"的"大合规"建设。

从企业管理体系建设的实践来看，管理体系一体化建设已经成为趋势，每个体系从目标和方案的制订到方案的执行和体系的运行，都需要投入大量的成本，而一体化建设不仅能够有效地降低体系建设成本，还能更好地在同一目标下实现各体系运行的协同。而廉洁合规作为合规专项之一，还需要与反不正当竞争合规、反垄断合规、反洗钱合规、知识产权保护合规、数据合规、环境保护合规等诸多合规专项进行整合，形成包含多个合规专项的企业合规管理体系。

对于中央企业来说，过去的十多年间，国务院国有资产监督管理委员会先后出台了三套体系指引，要求中央企业建立风险管理体系、内部控制体系和合规管理体系，并形成相关报告。2006 年，国资委印发《中央企业全面风险管理指引》，其中提道："内部审计部门在风险管理方面，主要负责研究提出全面风险管理监督评价体系，制定监督评价相关制度，开展监督与评价，出具监督评价审计报告"。2012 年，国资委印发《关于加快构建中央企业内部控制体系有关事项的通知》，其中提道："各中央企业应当自 2013 年起，于每年 5 月 31 日前向国资委报送内部控制评价报告，同时抄送派驻本企业监事会"。2018 年，国资委印发《中央企业合规管理指引（试行）》，其中提道："合规管理牵头部门于每年年底全面总结合规管理工作情况，起草年度报告，经董事会审议通过后及时报送国资委"。

从风险管理到内部控制，再到合规管理，为中央企业持续健康发展提供了重要保障。国资委在推进合规管理的同时，开始关注风险管理、内部控制、合规管理的整合问题。在

2019 年 11 月国资委印发的《关于加强中央企业内部控制体系建设与监督工作的实施意见》（国资发监督规〔2019〕101号）明确提出："建立健全以风险管理为导向、合规管理监督为重点，严格、规范、全面、有效的内控体系。进一步树立和强化管理制度化、制度流程化、流程信息化的内控理念，通过'强监管、严问责'和加强信息化管理，严格落实各项规章制度，将风险管理和合规管理要求嵌入业务流程，促使企业依法合规开展各项经营活动，实现'强内控、防风险、促合规'的管控目标，形成全面、全员、全过程、全体系的风险防控机制，切实全面提升内控体系有效性，加快实现高质量发展。""全面梳理内控、风险和合规管理相关制度，及时将法律法规等外部监管要求转化为企业内部规章制度，持续完善企业内部管理制度体系。在具体业务制度的制定、审核和修订中嵌入统一的内控体系管控要求，明确重要业务领域和关键环节的控制要求与风险应对措施。将违规经营投资责任追究内容纳入企业内部管理制度中，强化制度执行刚性约束。""统筹推进内控、风险和合规管理的监督评价工作，将风险、合规管理制度建设及实施情况纳入内控体系监督评价范畴，制定定性与定量相结合的内控缺陷认定标准、风险评估标准和合规评价标准，不断规范监督评价工作程序、标准和方式方法。"2021 年，国资委《关于印发〈关于进一步深化法治央企建设的意见〉的通知》，明确指出，中央企业要

"探索构建法律、合规、内控、风险管理协同运作机制，加强统筹协调，提高管理效能"。

对于民营企业来说，合规管理、内部控制、风险管理的一体化建设同样值得深入探索，在实践中，很多民营企业已经进行了有益的尝试，在组织结构上将合规、内控、风控、法务、监察、审计等职能作为二级部门归集到一级部门，以求实现职能协同的最优化和效率的最大化。这个一级部门在不同企业中有不同的名称，例如内控合规部、法律合规部、风控合规部等，部门的最高管理人员一般也是该企业的首席合规官。

企业廉洁合规管理体系的构建同样离不开风险管理和内部控制，腐败风险的识别、分析与评价是企业风险管理的工作内容，采取有效的控制活动以降低腐败的风险也是企业内部控制的工作内容。对此前文已进行了详细说明。而三者的共性还在于需要独立的组织机构、综合性专业人才、有效的沟通机制和有力的内部监督等，这些共性的需求与协同的要求也在底层逻辑上决定了合规、内控、风控的"一体化"趋势。

附录：

企业廉洁合规管理成熟度评价指引

指导单位：

中国人民大学刑事法律科学研究中心

中国犯罪学学会网络经济犯罪治理专业委员会

发布单位：

阳光惟诚（北京）企业管理有限公司

通标标准技术服务有限公司

学术顾问：

时延安

起草人：

段秋斌、刘秀萍、步云飞

审核人（按姓氏首字母排序）：

陈鸿业、陈武、程堂根、戴辉、方双华、郭东坤、郭普训、何海明、洪超然、靳毅、陆晔敏、任治铭、沈德勇、王辉、王凌俊、王松、王天明、徐典、徐洪斌、张君治、张轮大、张宇朋、赵维纳

目 录

1. 总则

1.1 背景和目的

企业内部的腐败和舞弊问题严重危害企业的健康和可持续发展，市场参与方之间的贿赂问题严重破坏法治和诚信的营商环境，如何从企业自身出发，与国家法律相向而行，构建适合企业自身发展的廉洁合规管理体系，是企业不能回避的重要课题。

在标准化方面，国际上有 ISO/TC309 技术委员会编制的 ISO 37301：2021《合规管理体系 要求及使用指南》和 ISO 37001：2016《反贿赂管理体系 要求及使用指南》，国内有中国标准化研究院牵头制定的 GB/T 35770—2022《合规管理体系 要求及使用指南》，GB/T 35770—2022 等同采用 ISO 37301：2021《合规管理体系 要求及使用指南》，技术内容与 ISO 37301 一致。

GB/T 35770—2022/ISO 37301：2021《合规管理体系 要求及使用指南》适用于所有类型组织建立、开发、实施、评价、维护和改进合规管理体系的要求，ISO 37001：2016《反贿赂管理体系 要求及使用指南》明确了建立、实施、保持、评审和改进反贿赂管理体系的要求并提供了指南，但对于企业来说，如何评价包含反腐败、反贿赂和反舞弊在内的廉洁合规工作，两份标准无法给出详尽的答案。

在此背景下，由中国人民大学刑事法律科学研究中心、中国犯罪学学会网络经济犯罪治理专业委员会指导，阳光诚信联盟®联合 SGS 成立专家组，以 GB/T 35770—2022/ISO 37301：2021《合规管理体系　要求及使用指南》和 ISO 37001：2016《反贿赂管理体系 要求及使用指南》为基础，编制"企业廉洁合规管理成熟度评价指引"，引导企业构建廉洁合规管理体系的同时，为企业廉洁合规管理的成熟度评估提供指引，帮助企业进行有效的自我评价或第三方评价，为企业廉洁合规建设、法治营商环境建设贡献绵薄之力。

1.2　适用范围

"企业廉洁合规管理成熟度评价指引"适用于中国（含港、澳、台）境内设立的所有类型的企业。

1.3　规范性引用文件

GB/T 35770—2022/ISO 37301：2021《合规管理体系　要求及使用指南》

ISO 37001：2016《反贿赂管理体系 要求及使用指南》

ISO 37000：2021《组织治理指南》

ISO 37002：2021《举报管理系统指南》

1.4　术语和定义

廉洁合规：包括反腐败、反贿赂和反舞弊方面的合规要求。

腐败：滥用委托权力以谋取私人利益。

贿赂：在任何地点，违反适用法律直接或间接提供、承诺、给予、接受或索取任何价值的不正当好处（可以是财物或非财物的），作为个人实施或不实施与履行其职责有关行为的诱惑或奖励。

舞弊：管理层、治理层、员工或第三方使用欺骗手段获取不当或非法利益的故意行为。

合规要求：组织有义务遵守的要求。

廉洁合规职能：对廉洁合规管理体系的运行拥有职责和权限的一个或多个人。

最高管理者：在最高层指挥和控制组织的一个人或一组人。

人员：国家法律或实践认可的雇佣关系中受雇的个人。

利益相关方：能影响、被影响或认为自己受到某个决定或行动影响的个人或组织。

管理体系：组织建立方针和目标以实现这些目标的过程的相互关联或相互作用的一组要素。

方针：由最高管理者正式发布的组织的宗旨和方向。

目标：要实现的结果。

风险：不确定性对目标的影响。

合规承诺：组织选择遵守的要求。

合规文化：贯穿整个组织的价值观、道德规范和信念，并与组织的结构和控制系统相互作用，产生有利于合规成果的行为准则。

绩效：可测量的结果。

持续改进：提高绩效的循环活动或过程。

审核：为获取"审核证据"并对其进行客观评价，以确定满足"审核准则"的程度所进行的系统的、独立的并形成文件的过程。

纠正措施：为消除不合格或不合规的原因并防止其再次发生所采取的措施。

第三方：独立于组织的人或机构。

2. 评价

2.1 评价目标

评估企业自身的廉洁合规系统性管理的成熟度；

判断廉洁合规体系的薄弱环节；

明确廉洁合规体系的提升方向；

评估相关方的廉洁合规水平，作为合作信任度的依据之一。

2.2 评价指标

本评价指引共设置 5 个一级指标，分别为：组织环境、领导作用、策划支持、体系运行、绩效评价与改进。在 5 个一级指标下设 35 个二级指标（参见表 7 - 1）。

表 7 - 1 企业廉洁合规管理成熟度评价指标

一级指标	指标序号	二级指标
组织环境	1	识别并理解影响企业实现廉洁合规体系预期结果的能力的内部和外部事项
	2	识别并理解廉洁合规管理涉及的相关方，及其对企业廉洁合规的需求和期望
	3	确定了清晰的廉洁合规管理体系的范围
	4	建立、实施、维护和持续改进廉洁合规管理体系，且该管理体系包含了具体的识别和评价廉洁风险及防范、发现和应对措施
	5	识别业务流程和相关岗位存在的廉洁风险
	6	建立风险评价准则，开展廉洁合规风险评估，分析、评估和有限排序已识别的廉洁风险
	7	评价现有控制措施的适合性和有效性
	8	建立廉洁风险清单，并对风险清单进行动态维护
领导作用	9	治理机构签发了廉洁合规方针
	10	治理机构下设的专业委员会负责监督企业的廉洁合规风险的控制效果和廉洁合规职能最高管理者的履职情况，并定期报告治理机构
	11	治理机构对最高管理层的考核指标中包括了廉洁合规的绩效指标
	12	最高管理者在组织架构中设定廉洁合规职能，配置充足且恰当的资源以有效运行廉洁合规管理体系，且保障廉洁合规职能的独立性

续表

一级指标	指标序号	二级指标
领导作用	13	清晰界定廉洁合规职能、业务部门主管、员工在廉洁合规管理体系中的职责和权限,并建立和适用奖惩机制
	14	最高管理者要求将廉洁合规管理融入组织的业务流程
	15	最高管理者按照策划的频次和方法对组织的廉洁合规管理体系实施了适宜性、充分性和有效性评估,督促管理体系持续改进
策划支持	16	制定廉洁合规体系建设的目标和计划
	17	为廉洁合规体系建设提供资金预算支持
	18	为廉洁合规体系建设提供人力资源支持
	19	廉洁合规职能人员的能力素质能够胜任所任职的岗位
	20	建立廉洁合规内外部沟通机制
	21	建立文件化信息机制
体系运行	22	制订并实施廉洁合规管理制度
	23	建立廉洁合规责任机制
	24	建立利益冲突申报与管理机制
	25	对董事、最高管理者、核心管理人员开展周期性的尽职调查
	26	通过培训、宣传等方式在企业内外部建立、维护并推进廉洁合规文化

续表

一级指标	指标序号	二级指标
体系运行	27	部署廉洁风险防控措施，包括财务控制和非财务控制手段，并合理规定了第三方的廉洁风险的控制措施
	28	健全举报体系，鼓励合理举报
	29	建立廉洁风险事件调查处理机制
	30	建立数据和技术的应用机制
	31	建立廉洁合规信息披露机制
绩效评价与改进	32	对廉洁合规管理体系进行监视、测量、分析和评价
	33	对廉洁合规管理体系进行内部审核
	34	对廉洁合规管理体系进行管理评审
	35	持续改进廉洁合规管理体系的适宜性、充分性和有效性，对不符合项采取纠正措施

2.3 评分细则

在具体评价评分过程中，依据评分细则和评价对象的客观现状对每个二级评价指标进行评价打分，对现状的评价可以选择调研访谈、文件审阅、流程审阅、系统审阅、问卷调研等适宜的方式，具体评分细则见表 7-2。

2.4 评价等级

将每个指标的评分加总可以获取廉洁合规管理成熟度总评分，根据分值区间分别对应 1 星到 5 星共五个等级，具体等级说明见表 7-3。

表7-2 企业廉洁合规管理成熟度评价细则

一级指标	指标序号	二级指标	评价分值：0	评价分值：1	评价分值：2	评价分值：3
组织环境	1	识别并理解影响企业合规体系预期实现能力的内部和外部的事项	未开展相关工作	识别并理解影响企业合规体系预期实现能力的内部和外部事项，但未考虑以下事项：与第三方的业务关系；法律和监管环境；经济状况；社会、文化、环境背景；内部结构、方针、过程、程序、资源、技术；自身合规文化	识别并理解影响企业合规体系预期实现能力的内部和外部事项，并考虑以下部分事项：与第三方的业务关系模式；法律和监管环境；经济状况；社会、文化、环境背景；内部结构、方针、过程、程序、资源、技术；自身合规文化	识别并理解影响企业合规体系预期实现能力的内部和外部事项，并充分考虑以下事项：业务模式；与第三方的业务关系；法律和监管环境；经济状况；社会、文化、环境背景；内部结构、方针、过程、程序、资源、技术；自身合规文化
	2	识别并理解廉洁合规管理涉及的相关方，及其对企业廉洁合规的需求和期望	未开展相关工作	识别了廉洁合规管理涉及的相关方，但并未理解廉洁合规相关方对企业廉洁合规的需求和期望	识别了廉洁合规管理涉及的相关方，并理解廉洁合规相关方对企业廉洁合规的需求和期望，但没有区分廉洁合规管理体系可以解决的需求	识别了廉洁合规管理涉及的相关方，理解廉洁合规相关方对企业廉洁合规的需求和期望，并区分廉洁合规管理体系可以解决的需求

续表

一级指标	指标序号	二级指标	评价分值：0	评价分值：1	评价分值：2	评价分值：3
	3	确定了清晰的廉洁合规管理的范围	未开展相关工作	对廉洁合规管理体系的地域边界和组织边界进行了范围界定，但未考虑以下事项：内外部环境、相关方需求、廉洁合规义务、廉洁合规风险等	对廉洁合规管理体系的地域边界和组织边界进行了范围界定，并考虑以下部分事项：内外部环境、相关方需求、廉洁合规义务、廉洁合规风险等	对廉洁合规管理体系的地域边界和组织边界进行了范围界定，并充分考虑以下事项：内外部环境、相关方需求、廉洁合规义务、廉洁合规风险等
组织环境	4	建立、实施、维护和持续改进廉洁合规管理体系，且该体系包含了具体的廉洁风险的识别和评价及防范、发现和应对措施	未开展相关工作	建立和实施廉洁合规管理体系，但缺乏维护和持续改进	建立、实施、维护和持续改进廉洁合规管理体系，且该体系包含了具体廉洁风险的识别和评价及防范、发现和应对措施，但未能结合组织环境、未能反映企业的价值观、目标和战略	建立、实施、维护和持续改进廉洁合规管理体系，且该体系包含了具体廉洁风险的识别和评价及防范、发现和应对措施，并能结合组织环境、反映企业的价值观、目标和战略

续表

一级指标	指标序号	二级指标	评价分值：0	评价分值：1	评价分值：2	评价分值：3
	5	识别业务流程和相关岗位存在的廉洁风险	未开展相关工作	开展了廉洁风险识别工作，但未结合业务流程和关键岗位	识别业务流程或关键岗位存在的廉洁风险	充分识别业务流程和关键岗位存在的廉洁风险
	6	建立风险评价准则，开展风险合规评估、评估、分析、评估和有限排序已识别的廉洁风险	未开展相关工作	建立风险评价准则，但未考虑方针和目标	建立风险评价准则，充分考虑方针和目标，并开展风险评估，但未分析、评估和有限排序已识别的廉洁风险	建立风险评价准则，充分考虑方针和目标，开展风险评估，评估、分析，并有限排序已识别的廉洁风险
组织环境	7	评价现有控制措施的适合性和有效性	未开展相关工作	对现有控制措施进行梳理，但未对控制措施的适合性和有效性进行评价	对现有的控制措施进行梳理，并对控制措施的适合性进行评价，缺乏有效性评价	对现有的控制措施进行梳理，并对控制措施的适合性和有效性进行评价

续表

一级指标	指标序号	二级指标	评价分值：0	评价分值：1	评价分值：2	评价分值：3
组织环境	8	建立廉洁风险清单，并对风险清单进行动态维护	未开展相关工作	建立廉洁风险清单，但未对风险清单进行动态维护，没有形成结构化的风险库或风险地图	建立廉洁风险清单，且对风险清单进行动态维护，但没有形成结构化的风险库或风险地图	建立廉洁风险清单，对风险清单进行动态维护，并且形成结构化的风险库或风险地图
领导作用	9	治理机构签发了廉洁合规方针	未开展相关工作	治理机构签发了廉洁合规方针，但方针不能满足于企业的宗旨；为设定廉洁合规目标提供框架；包括满足适用需求的承诺；包括持续改进的承诺	治理机构签发了廉洁合规方针，方针能部分满足：于企业的宗旨；为设定廉洁合规目标提供框架；包括满足适用需求的承诺；包括持续改进体系的承诺	治理机构签发了廉洁合规方针，方针能全部适用于企业的宗旨；为设定廉洁合规目标提供框架；包括满足适用需求的承诺；包括持续改进体系的承诺

续表

一级指标	指标序号	二级指标	评价分值：0	评价分值：1	评价分值：2	评价分值：3
领导作用	10	治理机构下设的专业委员会负责监督企业合规风险的控制效果和廉洁合规最高管理者能的履职情况，并定期报告治理机构	未成立相关专业委员会	治理机构下设了专业委员会，但未约定或实切实履行监督职责	治理机构下设的专业委员会负责廉洁合规控制职效果和廉洁合规最高管理者的履职情况，但未形成定期报告机制	治理机构下设的专业委员会负责监督合规风险组织的控制效果和廉洁合规最高管理者的履职情况，并定期报告治理机构
	11	治理机构对最高管理层指标中包括了廉洁合规绩效指标	未开展相关工作	治理机构对最高管理层的考核指标中包括了廉洁绩效指标，但绩效指标难以衡量，无法根据廉洁绩效指标进行考核	治理机构对最高管理层的考核指标中包括了廉洁绩效指标、绩效指标清晰明确可衡量，但未严格按照廉洁合规绩效指标进行考核	治理机构对最高管理层的考核指标中包括了廉洁合规的绩效指标、绩效指标清晰明确且严格衡量，廉洁合规绩效指标按照绩效指标进行考核

续表

一级指标	指标序号	二级指标	评价分值：0	评价分值：1	评价分值：2	评价分值：3
	12	最高管理者在组织架构中设定廉洁合规职能，配置充足且恰当的资源以有效运行廉洁合规管理体系，且保障廉洁合规职能的独立性	未开展相关工作	廉洁合规职能由其他职能部门兼任，但未配置充足且恰当的资源以有效运行廉洁合规管理体系	廉洁合规职能由专职职能部门承担，并配置充足且恰当的资源以有效运行廉洁合规管理体系，但廉洁合规职能缺乏独立性	廉洁合规职能由专职部门承担，并配置充足且恰当的资源以有效运行廉洁合规管理体系，且保障廉洁合规职能的独立性
领导作用	13	清晰界定廉洁合规职能、业务部门主管、员工在廉洁合规管理体系中的职责和权限，并建立和适用奖惩机制	未开展相关工作	界定了廉洁合规职能在体系中的职责和权限，缺少对业务部门主管、员工职责和权限的界定	清晰界定廉洁合规职能、业务部门主管、员工在廉洁合规管理体系中的职责和权限，但未建立和适用奖惩机制	清晰界定廉洁合规职能、业务部门主管、员工在廉洁合规管理体系中的职责和权限，并建立和适用奖惩机制

255

续表

一级指标	指标序号	二级指标	评价分值：0	评价分值：1	评价分值：2	评价分值：3
	14	最高管理者要求将廉洁合规组织融入管理的业务流程	未开展相关工作	最高管理者要求将廉洁融入组织管理的业务流程，但在实际运行中廉洁合规业务充分考虑业务流程，两者未实现相互融合	最高管理者要求将管理人组织的业务流程，在实际运行中廉洁合规融入部分业务流程	最高管理者要求将廉洁合规管理人组织的业务流程，在实际运行中廉洁合规体系范围内的全部业务流程
领导作用	15	最高管理者按照策划的频次和方法对组织的廉洁合规管理体系实施了适宜性、充分性和有效性评估，督促管理体系持续改进	未开展相关工作	最高管理者对管理合规组织的廉洁管理体系实施了适宜性、充分性和有效性评估，但未按照策划的频次和方法，且缺少对管理体系持续改进的督促作用	最高管理者按照策划的频次和方法对组织的廉洁合规管理体系实施了适宜性、充分性和有效性评估，但缺少对管理体系持续改进的督促作用	最高管理者按照方法和方法对组织管理体系实施了适宜性、充分性和有效性评估，并督促管理体系持续改进

续表

一级指标	指标序号	二级指标	评价分值：0	评价分值：1	评价分值：2	评价分值：3
策划支持	16	制定廉洁合规体系建设的目标和计划	未开展相关工作	制定廉洁合规体系建设的目标和计划，但没有结合以下事项：应对风险和机会的措施，在相关职能和层级上确立廉洁合规目标，针对体系变更时的策划	制定廉洁合规体系建设的目标和计划，结合了以下部分事项：应对风险和机会的措施，在相关职能和层级上确立廉洁合规目标，针对体系变更时的策划	制定廉洁合规体系建设的目标和计划。充分结合了以下事项：应对风险和机会的措施，在相关职能和层级上确立廉洁合规目标，针对体系变更时的策划
	17	为廉洁合规体系建设提供资金预算支持	未开展相关工作	廉洁合规工作获得少量资金预算（从客观数据看，实际用于廉洁合规工作开展的资金在合理预算的50%以下）	廉洁合规工作获得较大程度的资金预算支持（从客观数据看，实际用于廉洁合规工作开展的资金在合理预算的50%~90%）	廉洁合规工作获得足够或超过预期的资金预算（从客观数据看，实际用于廉洁合规工作开展的资金在合理预算的90%以上）

续表

一级指标	指标序号	二级指标	评价分值：0	评价分值：1	评价分值：2	评价分值：3
	18	为廉洁合规体系建设提供人力资源支持	未开展相关工作	廉洁合规工作获得少量人力资源支持，实际从事廉洁合规工作的人数在预期岗位编制数的50%以下（从客观数据看，实际从事廉洁合规工作的人数在预期岗位编制数的50%以下）	廉洁合规工作获得较大程度的人力资源支持（从客观数据看，实际从事廉洁合规工作的人数在预期岗位编制数的50%~90%）	廉洁合规工作获得足够或超过预期的人力资源支持（从客观数据看，实际从事廉洁合规工作的人数在预期岗位编制数的90%以上）
策划支持	19	廉洁合规职能人员的能力素质能够胜任所任职的岗位	未开展相关工作	制定了廉洁合规岗位胜任力要求，但在招聘中没有严格执行或招聘后没有进行培训	制定了廉洁合规岗位胜任力要求，在招聘中严格执行要求，招聘后进行培训	制定了廉洁合规岗位胜任力要求，在招聘中严格执行要求、招聘后定期进行培训，并对人员定期进行绩效考核

续表

一级指标	指标序号	二级指标	评价分值：0	评价分值：1	评价分值：2	评价分值：3
	20	建立廉洁合规内外部沟通机制	未开展相关工作	建立了廉洁合规内外部沟通机制，但未考虑沟通的多样性和潜在障碍，集合相关方的意见，信息的一致与可信，沟通内容与回应，确保沟通中提出疑虑等	建立了廉洁合规内外部沟通机制，考虑以下事项：沟通的多样性和潜在障碍，集合相关方的意见，信息的一致与可信，沟通内容与回应，确保沟通中提出疑虑等	建立了廉洁合规内外部沟通机制，并充分考虑以下事项：沟通的多样性和潜在障碍，集合相关方的意见，信息的一致与可信，沟通内容与回应，确保沟通中提出疑虑等
策划支持	21	建立文件化信息机制	未开展相关工作	建立了文件化信息机制，但未考虑到以下所必需的文件化信息，适当的标记和说明，适当的形式和载体，适当性和充分性的评审和批准，需要时的可获得性，得到充分保护	建立了文件化信息机制，并考虑到以下部分事项：所必需的文件化信息，适当的标记和说明，适当的形式和载体，适当性和充分性的评审和批准，需要时的可获得性，得到充分保护	建立了文件化信息机制，充分考虑以下事项：所必需的文件化信息，适当的标记和说明，适当的形式和载体，适当性和充分性的评审和批准，需要时的可获得性，得到充分保护

续表

一级指标	指标序号	二级指标	评价分值：0	评价分值：1	评价分值：2	评价分值：3
	22	制订并实施廉洁合规管理制度	未开展相关工作	制订并实施廉洁合规管理制度，但未考虑以下方面：制度的完备性、内容和程序的合法性，与理解的便宜的流程	制订并实施廉洁合规管理制度，并考虑以下部分方面：内容和程序的完备性、制度的合法性，容和程序的合法性，与理解的便宜的流程	制订并实施廉洁合规管理制度，充分考虑以下方面：制度的完备性、内容和程序的合法性，合法性、理解、制度匹配的便宜性，与制度匹配的流程
体系运行	23	建立廉洁合规责任机制	未开展相关工作	建立廉洁合规责任机制，但未考虑以下方面：明确相关方的廉洁合规责任，廉洁合规责任考核标准，廉洁合规责任奖惩机制	建立廉洁合规责任机制，并考虑以下部分方面：明确相关方的廉洁合规责任，廉洁合规责任考核标准，廉洁合规责任奖惩机制	建立廉洁合规责任机制，充分考虑以下方面：明确相关方的廉洁合规责任，廉洁合规责任考核标准，廉洁合规责任奖惩机制
	24	建立利益冲突申报与管理机制	未开展相关工作	建立了利益冲突申报与管理机制，但未得到有效执行，也未对不符合项进行纠正	建立了利益冲突申报与管理机制，且得到有效执行，但未对不符合项进行纠正	建立了利益冲突申报与管理机制，且得到有效执行，且对不符合项进行纠正

续表

一级指标	指标序号	二级指标	评价分值：0	评价分值：1	评价分值：2	评价分值：3
	25	对董事、最高管理者、核心管理人员的尽职周期性调查	未开展相关工作	对董事、最高管理者、核心管理人员中的部分人员开展周期性的尽职调查，但未向治理机构汇报调查结果，也未对不符合事项进行整改	对董事、最高管理者、核心管理人员开展周期性的尽职调查、向治理机构汇报调查结果，但未对不符合事项进行整改	对董事、最高管理者、核心管理人员开展周期性的尽职调查、向治理机构汇报调查结果，并对不符合事项进行整改
体系运行	26	通过培训、宣传等方式在企业内外部建立、维护并推进廉洁合规文化	未开展相关工作	通过培训、宣传等方式在企业内外部建立、维护并推进廉洁合规文化，但廉洁合规率较低（从客观数据看，人员覆盖率在50%以下）	通过培训、宣传等方式在企业内外部建立、维护并推进廉洁合规率较高（从客观数据看，人员覆盖率在50%～90%）	通过培训、宣传等方式在企业内外部建立、维护并推进廉洁合规率较高（从客观数据看，人员覆盖率在90%以上）

续表

一级指标	指标序号	二级指标	评价分值：0	评价分值：1	评价分值：2	评价分值：3
	27	部署廉洁风险防控措施，包括财务控制和非财务控制手段，并合理规定了第三方的廉洁风险控制措施	未开展相关工作	部署了廉洁风险防控措施，但未考虑以下方面：依据风险库进行防控措施部署、防控措施嵌入企业流程、定期评估防控措施的效果	部署了廉洁风险防控措施，并考虑以下部分方面：依据风险库进行防控措施部署、防控措施嵌入企业流程、定期评估防控措施的效果	部署了廉洁风险防控措施，并充分考虑以下方面：依据风险库进行防控措施部署、防控措施嵌入企业流程、定期评估防控措施的效果
体系运行	28	健全举报体系，鼓励合理举报	未开展相关工作	建立了投诉举报机制，但未考虑以下方面：投诉举报渠道的多样性和畅通性，可对投诉举报人信息保密，保护投诉举报人免受打击报复	建立了投诉举报机制，并考虑以下部分方面：投诉举报渠道的多样性和畅通性，可方便获取投诉举报人信息，保护投诉举报人免受打击报复	建立了投诉举报机制，并充分考虑以下方面：投诉举报渠道的多样性和畅通性，可方便获取投诉举报人信息，保护投诉举报人免受打击报复，并设置举报奖励等措施

续表

一级指标	指标序号	二级指标	评价分值：0	评价分值：1	评价分值：2	评价分值：3
	29	建立廉洁风险事件调查处理机制	未开展相关工作	建立廉洁风险事件调查处理机制，但未考虑以下方面：调查过程的独立性、调查人员的专业性、调查和处理过程的规范性、报告结果的汇报流程等	建立廉洁风险事件调查处理机制，并考虑以下部分方面：调查过程的独立性、调查人员的专业性、调查和处理过程的规范性、报告结果的汇报流程等	建立廉洁风险事件调查处理机制，充分考虑以下方面：调查过程的独立性、调查人员的专业性、调查和处理过程的规范性、报告结果的汇报流程等
体系运行	30	建立数据和技术的应用机制	未开展相关工作	建立数据和技术的应用机制，目前处于数据库的建设阶段	建立数据和技术的应用机制，完成数据库的建设，目前处于模型和平台的建设阶段	建立数据和技术的应用机制，完成数据库、模型、平台的建设，并进行新技术的应用
	31	建立廉洁合规信息披露机制	未开展相关工作	建立了廉洁合规信息披露机制，但仅限在企业内部披露	建立了廉洁合规信息披露机制，在企业内部和外部进行适当的部分披露	建立了廉洁合规信息披露机制，在企业内部和外部进行充分披露，并在年报、ESG报告、社会责任报告、可持续发展报告等载体中定期披露

续表

一级指标	指标序号	二级指标	评价分值：0	评价分值：1	评价分值：2	评价分值：3
绩效评价与改进	32	对廉洁合规管理体系进行监视、测量、分析和评价	未开展相关工作	对廉洁合规管理体系进行监视、测量，但未考虑以下方面：内容、方法、频率、反馈渠道、评价指标、报告、记录保存等	对廉洁合规管理体系进行监视、测量，并考虑以下部分方面：内容、方法、频率、反馈渠道、评价指标、报告、记录保存等	对廉洁合规管理体系进行监视、测量、分析和评价，充分考虑以下方面：内容、方法、频率、反馈渠道、评价指标、报告、记录保存等
	33	对廉洁合规管理体系进行内部审核	未开展相关工作	对廉洁合规管理体系进行内部审核，但未考虑以下方面：策划、确立、实施、维护、方法、频次、策划、职责、要求、报告等	对廉洁合规管理体系进行内部审核，并考虑以下部分方面：策划、确立、实施、维护、方法、频次、策划、职责、要求、报告等	对廉洁合规管理体系进行内部审核，充分考虑以下方面：策划、维护、确立、实施、方法、频次、职责、策划要求、报告等

续表

一级指标	指标序号	二级指标	评价分值：0	评价分值：1	评价分值：2	评价分值：3
	34	对廉洁合规管理体系进行管理评审	未开展相关工作	对廉洁合规管理体系进行管理评审并出具管理评审结果，但未考虑以下方面：以往措施、内外部事项的变化、相关方需求和期望的变化、合规绩效信息、持续改进的机会	对廉洁合规管理体系进行管理评审并出具管理评审结果，并考虑以下部分方面：以往措施、内外部事项的变化、相关方需求和期望的变化、合规绩效信息、持续改进的机会	对廉洁合规管理体系进行管理评审并出具充分的管理评审结果，以充分考虑以下方面：以往措施、内外部事项的变化、相关方需求和期望的变化、合规绩效信息、持续改进的机会
绩效评价与改进	35	持续改进廉洁合规管理体系的适宜性、充分性和有效性，对不符合项采取纠正措施	未开展相关工作	持续改进廉洁合规管理体系的适宜性、充分性和有效性，对不符合项采取纠正措施。但未考虑以下方面：对不符合项作出反应、消除不符合的原因、实施所需的措施、评审纠正措施的有效性	持续改进廉洁合规管理体系的适宜性、充分性和有效性，对不符合项采取纠正措施。并考虑以下部分方面：对不符合项作出反应、消除不符合的原因、实施所需的措施、评审纠正措施的有效性	持续改进廉洁合规管理体系的适宜性、充分性和有效性，对不符合项采取纠正措施。充分：对不符合项作出反应、消除不符合的原因、实施所需的措施、评审纠正措施的有效性

表7-3　企业廉洁合规评价等级表

等级	分值	特征
★	0＜总分≤20	起步阶段
★★	20＜总分≤40	发展阶段
★★★	40＜总分≤60	整合阶段
★★★★	60＜总分≤80	规范阶段
★★★★★	80＜总分≤105	卓越阶段

3. 评价管理

3.1　评价机构

企业既可以应用"企业廉洁合规管理成熟度评价指引"开展自我评价，也可聘请本文件发布方阳光惟诚（北京）企业管理有限公司和通标标准技术服务有限公司联合进行第三方评价，并获得评价证书。

3.2　评价实施

建议企业每年开展一次廉洁合规管理成熟度评价，并根据评价结果制订下一年度的廉洁合规管理目标和计划。

3.3　评价结果

评价的结果包含各指标得分、总得分、评价等级和改善建议四个维度，各指标得分反映了该指标指向的廉洁合规工作的成熟度水平，总得分反映了企业廉洁合规管理工作的总体成熟度水平，评价等级在一定程度上反映了企业的廉洁合规工作相较于其他企业的差异，改善建议反映了下一阶段需要重点提升的方向。

3.4 评价应用

本评价指引可广泛应用在企业年报、ESG 报告、可持续发展报告和社会责任报告等报告中进行廉洁合规方面的信息披露；为企业对外合作和业务开展提供廉洁合规方面的信任背书，提高市场竞争力。企业可应用本评价指引对上下游合作方进行廉洁合规方面的评价等。

互联网企业廉洁合规指引

2023 民营企业廉洁合规人才发展调研报告

图书在版编目（CIP）数据

企业廉洁合规实务指引 / 段秋斌，步云飞著. --北京：中国人民大学出版社，2024.1
ISBN 978-7-300-32394-7

Ⅰ．①企… Ⅱ．①段… ②步… Ⅲ．①企业管理-反腐倡廉-研究-中国 Ⅳ．①D630.9②F279.23

中国国家版本馆 CIP 数据核字（2024）第 000643 号

企业廉洁合规实务指引
段秋斌　步云飞　著
Qiye Lianjie Hegui Shiwu Zhiyin

出版发行	中国人民大学出版社	
社　　址	北京中关村大街 31 号	**邮政编码**　100080
电　　话	010 - 62511242（总编室）	010 - 62511770（质管部）
	010 - 82501766（邮购部）	010 - 62514148（门市部）
	010 - 62515195（发行公司）	010 - 62515275（盗版举报）
网　　址	http://www.crup.com.cn	
经　　销	新华书店	
印　　刷	北京瑞禾彩色印刷有限公司	
开　　本	890 mm×1240 mm　1/32	**版　　次**　2024 年 1 月第 1 版
印　　张	9 插页 3	**印　　次**　2024 年 1 月第 1 次印刷
字　　数	156 000	**定　　价**　88.00 元